Lesehefte für den Literaturunterricht

In neuer Folge herausgegeben von:
Rainer Siegle und Jürgen Wolff

Ilse Kleberger

JANNIS DER SCHWAMM-TAUCHER

mit Materialien
zusammengestellt von
Horst Bachmann

Ernst Klett Verlag
Stuttgart Düsseldorf Leipzig

Gedruckt auf Papier aus
chlorfrei gebleichtem Zellstoff,
säurefrei.

2. Auflage A 2 20 19 18 17 16 | 2004 2003 2002 2001 2000

Alle Drucke dieser Auflage können im Unterricht nebeneinander benutzt werden, sie sind untereinander unverändert. Die letzte Zahl bezeichnet das Jahr dieses Druckes.
Textabdruck aus: Ilse Kleberger, Jannis der Schwammtaucher. Erika Klopp Verlag, Berlin 1965.

Internetadresse: http://www.klett-verlag.de
Umschlag: Manfred Muraro.
Gesamtherstellung: Wilhelm Röck, Weinsberg.
ISBN 3-12-260990-8

Inhalt

Jannis der Schwammtaucher

Sabine findet einen Freund

Sabine kletterte über scharfkantige Felsblöcke zum Strand hinunter. Plötzlich glitt sie aus und rutschte ein Stück abwärts. Lose Steine polterten mit ihr herab. Einen Augenblick lang war sie wie betäubt vom Schreck, aber dann merkte sie, dass ihr nichts Ernsthaftes geschehen war.

Wie ärgerlich! Den ganzen Vormittag war sie nun auf der Insel umhergestreift. Nirgends hatte sie einen Sandstrand zum Baden gefunden; überall lagen Felsblöcke und Steine. Sie war erhitzt und müde. Die Glieder schmerzten ihr von dem Fall und ein Riemen ihrer Sandale war gerissen. Es würde nicht angenehm sein, wenn sie auf den glühend heißen Steinen barfuß nach Hause laufen müsste. Vergeblich versuchte sie den Riemen zusammenzuknüpfen.

„Nimm diese Schnur", sagte jemand dicht neben ihr auf Griechisch. Sie schrak zusammen. Weil die Sonne auf dem goldgrünen Meer und den weißen Steinen blendete, hatte sie nicht bemerkt, dass im Schatten der Felswand ein Junge saß. Er war wohl ebenso alt wie Sabine und er sah seltsam aus. Im Gegensatz zu den meist dunkelhäutigen, schwarzhaarigen Griechen war seine Haut hell. Haar, Augenbrauen und Wimpern sahen fast weiß aus und die Pupillen der hellen Augen hatten einen roten Schimmer. Sein Gesicht war nett und freundlich. „Komm her, dann mache ich dir deinen Schuh ganz", sagte er und setzte hinzu: „Ich möchte nicht zu dir kommen, ich bin nämlich ein Albino, und Albinos vertragen die Sonne nicht gut."

Sabine wusste nicht, was ein Albino ist; der Junge schien sehr stolz darauf zu sein. Sie reichte ihm die Sandale. Geschickt flocht er einen kleinen Zopf aus der Schnur und befestigte ihn an Stelle des fehlenden Riemens.

„Ich heiße Jannis“, erzählte er dabei. „Mein Vater ist Demetrius, der Schwammtaucher; aber er kann nicht mehr tauchen, weil er zu alt ist und krumm vor Gliederschmerzen. Jetzt rudert er mich mit dem Boot hinaus und ich tauche. Ich bin ein guter Taucher, das sagen alle.“ Er musterte Sabine, als er ihr die Sandale zurückgab. „Und wie heißt du? Wo kommst du her, wie heißt dein Vater und was arbeitet er?“

Sabine wusste schon aus Erfahrung, dass sich die Griechen immer gleich nach den Lebensumständen eines Fremden erkundigen. „Ich heiße Sabine“, antwortete sie, „und komme aus Deutschland. Aber jetzt lebe ich schon drei Jahre in Athen, weil mein Vater dort am Museum arbeitet. Ich gehe dort in die deutsche Schule.“

„Aber du kannst griechisch sprechen!“, sagte der Junge.

Sabine nickte. „Ich habe es von Anna, unserem Hausmädchen, in Athen gelernt.“

„Und warum bist du jetzt auf der Insel?“

Sabine seufzte. „Meine Mutter war in diesem Frühjahr sehr krank, und weil sie die Hitze in Athen nicht verträgt, hat Vater uns hierher gebracht.“

Jannis hatte schon von der fremden Kyria[1] gehört, die den ganzen Tag lang im Liegestuhl in dem schattigen Garten des kleinen Hotels lag und nur abends ein wenig am Kai spazieren ging. „Gefällt es dir hier?“, fragte er.

Sie zuckte mit den Achseln. „Es ist ein bisschen langweilig.“

„Langweilig?“ Jannis war gekränkt. „Du wirst noch sehen, was du auf unserer Insel alles erleben kannst.“

Sabine sah auf ihre Armbanduhr und sprang erschrocken auf. „Ich muss nach Hause zum Mittagessen. Mammi wartet.“

Der Junge erhob sich ebenfalls. „Ich komme mit ins

---

[1] (griech.) Frau

Dorf." Als sie aus dem Schatten in die Glut der Mittagshitze hinaustraten, kniff er die Augen zusammen. Auch Sabine war geblendet und zog ihre Sonnenbrille aus der Tasche.

Jannis blickte sie von der Seite an. „Eine Sonnenbrille ist etwas Gutes", sagte er anerkennend.

„Hast du keine?"

Jannis lachte. „O nein, viel zu teuer!"

„Willst du meine haben? Ich habe noch eine zweite zu Hause."

Jannis wurde rot und schüttelte den Kopf. Behände kletterte er vor ihr einen schmalen Weg zur Fahrstraße hinauf. Er war barfuß, aber die harten Kiesel schienen ihm nichts auszumachen. In der Tasche seiner schwarzen Turnhose bewegte sich etwas und ab und zu guckte eine hornige kleine Pfote heraus.

Als sie oben auf der Straße angekommen waren, fragte Sabine: „Was hast du in der Tasche?"

Jannis zog eine kleine Schildkröte hervor und setzte sie auf seine flache Hand. Sie streckte das Köpfchen unter dem Panzer hervor und blinzelte in die Sonne.

Sabine strich ihr entzückt über den buckligen Rücken. „Wie niedlich!"

„Ich habe sie unten am Strand gefunden. Willst du sie haben?"

Sabine errötete vor Freude. „Du schenkst sie mir?"

Jannis setzte ihr das Tier auf die Hand und sie spürte das Kratzen der hornigen Füßchen auf ihrer Haut. Als sie weitergingen, fragte er: „Lässt du mich einmal durch deine Sonnenbrille gucken? Oh, wie schön!", rief er, als er sie aufgesetzt hatte. „Jetzt kann ich die Augen richtig aufmachen, es blendet gar nicht mehr und alles sieht ein bisschen braun aus. Hübsch! Weißt du, Albinos können schlecht im Hellen sehen", fügte er altklug hinzu.

Wieder war da das seltsame Wort „Albino". Was mochte

es bedeuten? Als Jannis ihr die Brille zurückgeben wollte, fragte Sabine: „Willst du sie nicht behalten?“

„Danke, gern!“ Er setzte die Brille flink wieder auf und bewunderte die durch die bunten Gläser so veränderte Welt.

Sabine verstand ihn gut. Er war stolz. Erst nachdem er ihr die Schildkröte geschenkt hatte, nahm er auch von ihr etwas an.

Sie kamen nun zu den ersten Häusern des Dörfchens. Frauen mit schwarzen Kopftüchern blickten aus den Türen.

„Hallo, Jannis, wer ist das fremde Mädchen?“, rief eine von ihnen.

„Sie ist weither, aus Deutschland“, antwortete er. „Ich habe ihr meine Schildkröte geschenkt und sie hat mir dafür ihre Sonnenbrille gegeben.“

Alles im Dorf war blendend weiß gekalkt; die würfelförmigen Häuser, die Schornsteine auf den flachen Dächern, die Treppen vor den Häusern, die Pflastersteine der schmalen Gässchen, ja selbst die Blumentöpfe vor den Türen. Der Dorfpriester weißte gerade mit einer Bürste, die an einer langen Stange steckte, den zackigen Giebel der kleinen Kirche. An seinem langen schwarzen Rock hingen vier Kinder und schrien: „Lass mich mal, Vater!“

„Pater Georgius, ich habe eine Sonnenbrille!“, rief ihm Jannis im Vorbeigehen zu.

Der Priester drehte sich um und lachte, sodass sein schwarzer Vollbart wackelte. Die vier Kinder ließen den Rock ihres Vaters los und starrten Jannis und Sabine mit offenen Mündern an. „Fein, fein“, brummte der fromme Mann mit einem mächtigen Bass und wandte sich wieder seiner Arbeit zu. Auf seinem Hinterkopf wippte unter dem runden schwarzen Hut der flüchtig zusammengedrehte Haarknoten.

Vor dem Hotel, in dem Sabine mit ihrer Mutter wohnte,

trennte sie sich von Jannis. Beim Abendessen fragte sie ihre Mutter: „Mammi, was ist ein Albino?“

„Wie kommst du darauf? Albinos sind Tiere, die an Farbstoffmangel leiden. Die Haut und die Haare sind ganz hell und die Augen rötlich, weil das Blut durch die blassen Pupillen hindurchschimmert.“

„Gibt es auch Menschen, die Albinos sind?“

„Ja, aber sie sind sehr selten.“

„Ich kenne einen“, sagte Sabine stolz. „Er heißt Jannis und er hat mir die Schildkröte hier geschenkt. Wie wollen wir sie nennen?“

„Amanda“, schlug Mammi vor.

„Komm hier entlang!“ Jannis balancierte geschickt über breite Felsplatten, die weit ins Meer hinausragten, und warf sich schließlich in das silbern aufspritzende Wasser. Sabine folgte ihm langsam. Immer wieder glitt sie auf den glitschigen Steinen aus; aber endlich schwamm auch sie in dem kalten Meer. Weil das Wasser stark salzhaltig war, brauchte sie sich nur leise zu bewegen, um an der Oberfläche zu bleiben. Es war so klar, dass sie auf dem Grund Sand und Steine und die Schatten vorbeihuschender Fische sehen konnte.

„Du musst tauchen, dann siehst du noch viel mehr“, rief Jannis und war blitzschnell unter der Wasseroberfläche verschwunden. Es dauerte eine Weile, bis er wieder auftauchte. Sabine wurde schon etwas unheimlich zumute. Aber schließlich sah sie einen weißen Arm, der eine große braune Steckmuschel in der Hand hielt. Jannis’ Kopf folgte. Prustend und wasserspeiend legte der Junge die Muschel auf einen Felsen und verschwand wieder. Sabine versuchte es ihm nachzumachen; aber die Augen brannten ihr unter Wasser, sodass sie sie nicht offen halten konnte und schnell wieder auftauchte. Sie ärgerte sich, als Jannis sie auslachte, drehte ihm den Rücken zu und schwamm zum Ufer. Doch

Jannis war schon vor ihr dort. Er reichte ihr die Hand und half ihr auf die Felsen. „Komm, ich hole dir etwas, womit du unter Wasser sehen kannst. Wir brauchen es zum Fischen." Er kletterte vor ihr den Hang hinauf. Jenseits der Straße lag ein Feld, das seinem Vater gehörte und mit Tomaten bestellt war. In der Mitte des Feldes stand ein kleines, kalkweißes Haus mit vier Ecktürmchen. Die Vorderseite war mit einem hübschen Muster durchbrochen, sodass es wie ein kleines Feenschloss aussah; aber es war nichts anderes als ein Taubenschlag.

„Die Tauben haben wir abschaffen müssen, als wir den Esel abschafften", sagte Jannis. „Es ist zu weit, zum Füttern herauszulaufen."

„Und warum habt ihr den Esel abgeschafft?"

„Weil Vater nicht mehr tauchen kann. Ich allein schaff nicht so viel, aber es reicht auch so. Wenn nur der Kahn nicht leck wird!" Er sah einen Augenblick lang sorgenvoll aus, doch gleich lachte er wieder. „Er wird schon noch eine Weile halten."

Jannis ging in das Taubenhaus und holte einen Eimer, der einen Boden aus Glas hatte. Er zeigte Sabine, wie sie schwimmend den Eimer ins Wasser halten und durch seinen gläsernen Boden in die Tiefe blicken konnte. Erst jetzt sah sie, was für eine Märchenwelt dort unten war. Silberne Fische glitten herbei und schauten sie mit großen Augen an. Aus den Felsenspalten wuchsen schöne rosa und weiße Blumen, die eigentlich Tiere waren und mit ihren vielen blütenblätterartigen Armen kleines Meergetier in ihren Schlund fächelten. Ein seltsamer walzenförmiger Fisch tanzte mit einem Ballettröckchen daher. Als Sabine ihn berühren wollte, stieß er eine schwarze, tintige Wolke aus, die ihn einhüllte. Der größte und flinkste Fisch aber war Jannis. Pfeilschnell glitt sein heller Körper in die Tiefe. Er sammelte Muscheln vom Grund und stachelige Seeigel von den Felswänden.

Später saßen sie nebeneinander, Sabine in der Sonne und Jannis neben ihr im Schatten, die Schildkröte Amanda zwischen ihnen. Der Junge schlug mit einem Stein die Seeigel auf und aß ihren schlüpfrigen Inhalt. Er bot auch Sabine davon an, aber sie schüttelte sich. „Sie sind gut“, sagte er, „sie geben Kraft.“ Plötzlich fiel ihm etwas ein. „Morgen ist ein großer Tag. Morgen gibt es Mittagessen bei uns. Vater hat einen Polypen gefangen.“

„Gibt es bei euch denn nicht jeden Tag Mittagessen?“

„Nein, nur sonntags. Wenn Vater Fische fängt, muss er sie verkaufen, weil wir Salz und Brot brauchen. Aber die großen Polypen will niemand haben.“

„Nur einmal in der Woche Mittagessen!“ Sabine war entsetzt.

Doch Jannis schien das nicht zu bekümmern. „Ach, wir haben genug zu essen. Brot und Ziegenkäse und Oliven und Tomaten, Sonnenblumenkerne und Seeigel.“

Wirklich sah Jannis nicht verhungert aus. Seine rote Badehose schlotterte zwar um seine Beine, aber sein Körper war schlank und kräftig und erinnerte Sabine an die weißen Marmorgestalten, die Vater in seinem Museum hatte. Um den Hals trug er eine Schnur mit einer langen blauen Glasperle. Als Sabine ihn danach fragte, sagte er: „Die ist gegen den bösen Blick. Unsere Ziege trägt auch eine.“

Sabine musste lachen. Da sprang Jannis auf. Seine Augen funkelten zornig. „Lach nicht so dumm!“, schrie er. „Es gibt Leute, die mit ihrem bösen Blick Menschen und Tiere verzaubern können oder mit einer Handbewegung. Ich kenne einen solchen Menschen.“ Als er sah, wie sehr Sabine erschrocken war, setzte er sich wieder neben sie und sagte ruhig: „Meine Mutter hat auch unsere Haustür blau gestrichen.“

Sabine schwieg. Sie hatte den Schreck noch nicht verwunden, den freundlichen Jannis so zornig zu sehen. Eine Weile saßen sie still nebeneinander. Dann reichte ihr Jannis mit zaghaftem Lächeln ein paar hübsche Muscheln. „Ohrmuscheln“, sagte er, „ich werde dir noch mehr geben, dann kannst du dir eine Kette daraus machen.“

Die Muscheln sahen wie zierliche Ohren aus Perlmutter aus. An ihrem Rand hatten sie kleine Löcher, durch die man einen Faden ziehen konnte. Jannis war erleichtert, dass Sabine sie annahm. „Kommst du morgen zu uns zum Mittagessen? Du musst Demetrius, meinen Vater, kennen lernen und meine Mutter, meine Großmutter und unsere Ziege.“

„Ich werde Mammi fragen, ob ich darf“, antwortete sie.

Zu Hause bei Jannis

Der Eingang des weißen Häuschens war wirklich blau angestrichen, auch die Treppenstufen. Statt einer Tür hatte das Haus von Jannis einen Vorhang aus Ketten. Eine weiße Ziege steckte ihren Kopf hindurch und guckte Sabine aus ihren schrägen Augen neugierig an. Zwischen ihren gewundenen Hörnern baumelte eine blaue Perle.

Plötzlich wurde das zottige Tier beiseite geschoben und Jannis sprang die Stufen hinab. Er hatte sich fein gemacht. Sein rotes Hemd und die braune Hose waren zwar verwaschen und geflickt, aber sauber, und obgleich es in der engen Gasse schattig war, hatte er die Sonnenbrille auf. Er zog Sabine an der Hand die Treppenstufen hinauf durch den klirrenden Vorhang. Ein paar Hühner stoben gackernd auseinander.

Der fensterlose Raum war recht dunkel und so voll gestopft mit Sachen und Tieren und Menschen, dass Sabine zuerst ganz verwirrt war. An der Rückwand standen zwei Betten. Über ihnen hing eine Ikone[2], ein kleiner Hausaltar,

[2] Heiligenbild

vor dem das ewige Lämpchen glühte. Zwischen den Betten saß auf einem Holzhocker eine uralte Frau mit einem zerfurchten Gesicht. Sie hielt unter dem linken Arm einen Stock, auf den Schafwolle gewickelt war, und drehte mit der rechten Hand aus der Wolle einen Faden, der sich um eine runde Spindel wickelte. In einer Ecke stand ein Herd, auf dem ein großer Topf brodelte, aus dem es angenehm roch. Der Herd war von drei Katzen und der Ziege umlagert, während sich die Hühner auf eine Stange im Hintergrund zurückgezogen hatten. In der Mitte der Stube stand ein Webstuhl und daran saß eine schwarz gekleidete Frau, die Sabine schüchtern zulächelte. Sie webte an einem Teppich in Purpurrot, dunklem Grün und Braun. Von der Decke herab hingen an einer Schnur stark duftende Kräuter.

Ein Mann, der mit dem Dorfpriester an einem Tisch saß, erhob sich und humpelte gebückt auf Sabine zu. „Gott grüß dich, kleines Fräulein! Setz dich und iss mit uns. Der Pater wird auch mit uns essen. Er hat so viele Kinder und selten ein gutes Mittagsmahl."

Sabine musste sich neben den Priester setzen, der ihr aus seinem bärtigen Gesicht freundlich zublinzelte. Der alte krumme Mann musste wohl der Vater von Jannis sein. Seine schwarzen Äuglein funkelten belustigt.

„Wunderst du dich, dass ich einen so jungen Sohn habe?", kicherte er. „Ich bin lange als Matrose zur See gefahren und war schon nicht mehr jung, als ich mich hier als Schwammtaucher niederließ, weil ich meine gute Christina kennen lernte" – er winkte der Frau am Webstuhl zu – „und weil ich endlich einen Sohn haben wollte. Aber der Sohn kam nicht. Jahrelang beteten wir umsonst zur Panagia, zur Gottesmutter. Da fiel mir eines Tages eine Sünde ein. Als Matrose hatte ich einmal bei einem schrecklichen Sturm gelobt, dass ich der Gottesmutter eine Kirche bauen wollte, wenn sie mich aus dem Sturm rettete. Dieses Gelübde hatte ich ganz vergessen. Nun kratzte ich mein ganzes Geld zusammen und baute mit eigenen Händen die Kirche. Und ein Jahr darauf wurde mein Sohn geboren.“ Er blickte Jannis stolz an. „Und sogar ein Albino. Wir waren zwar arm und nicht mehr jung, aber mit Schwammtauchen verdiente ich genug für uns, und seitdem meine Glieder krumm sind und schmerzen, taucht mein Sohn Jannis nach Schwämmen. So brauchen wir nicht zu hungern. Gott hat es gut mit uns gemeint.“

Sabine blickte sich in der Hütte um. Wie arm waren diese Leute! Nur einmal in der Woche konnten sie sich ein Mittagessen leisten. Vater Demetrius war krank und doch sagte er: „Gott hat es gut mit uns gemeint.“

„Ja, ja, wenn hier nicht so viele Seeleute lebten, die einmal in Seenot geraten sind, gäbe es nicht so viele Kirchen bei uns“, meinte der Pater schmunzelnd. Sabine hatte sich schon oft darüber gewundert, dass fast jede Gasse des Dorfes ein bis zwei winzige Kirchlein hatte.

„Vater ist als Seemann weit in der Welt herumgekommen“, sagte Jannis stolz. „Zeig die Erde, Vater!“, bat er.

Der Alte zog unter seinem geflickten Hemd ein flaches silbernes Kästchen hervor, das er an einer Kette um den Hals trug. Darauf war sein Namensheiliger, der heilige Demetrius, abgebildet, wie er auf einem stolzen Ross dahingaloppierte und eine lange Lanze gegen den Teufel schwang. Der Vater öffnete das Kästchen und schüttete vorsichtig etwas schwarze Erde auf seine Hand. „Das ist Erde aus dem Heiligen Land, wo unser Herr Christus geboren wurde“, sagte er andächtig. Der Priester schlug ein Kreuz. Demetrius verwahrte das Kästchen wieder unter seinem Hemd und sagte: „Wir wollen jetzt essen, Christina.“

Die Mutter hob den Topf vom Herd und stellte ihn mitten auf den Tisch. Es roch gut. Aber als Sabine sah, was Demetrius aus der roten Soße herausfischte, erschrak sie. Sie hatte schon öfter gebratene, in kleine Stücke geschnittene Polypen gegessen. Sie schmeckten köstlich. Das hier aber waren ganze Polypenarme, die gekocht waren, schlangenartig aussahen und noch die Saugnäpfe trugen, mit denen sie sich an den Felswänden festzuhalten pflegten. Sie schauderte.

„Sabine bekommt das größte Stück, weil sie das erste Mal bei uns zu Gast ist", rief Jannis.

„Nun, ich glaube, das größte sollte der heilige Vater haben", meinte Demetrius.

„Nein, Sabine!", rief Jannis nun schon zornig.

„Nein, der Pater!" Auch der Vater wurde lauter.

Sabine wagte es nicht, in den Streit einzugreifen, und auch der Pater sagte kein Wort.

Da legte Mutter Christina, die neben dem Tisch stand, Jannis die Hand auf die Schulter und sagte leise: „Ich glaube, das kleine Fräulein kann gar nicht so viel essen."

Sabine war ihr sehr dankbar dafür. Die Mutter holte nun noch mit Öl übergossene Tomatenscheiben, Brot, einen Krug mit Wein und vier Gläser herbei. Der Priester sprach ein Gebet. Sie schlugen das Kreuz und begannen zu essen. Die Mutter aber setzte sich still wieder an ihren Webstuhl und auch die alte Großmutter blieb im Hintergrund und spann.

„Warum isst deine Mutter nicht mit uns?", fragte Sabine.

Jannis blickte sie erstaunt an. „Die Frauen essen doch immer erst später. Wer soll denn die Männer bedienen, wenn sie etwas brauchen?"

Sabine durfte nur mit den Männern zusammen essen, weil sie ein Gast aus fremdem Land war. Sie merkte, dass es eine große Ehre war. Demetrius hob sein Weinglas und trank ihr und dem Priester zu. „Esst und lasst es euch wohl bekommen", sagte er herzlich.

„Christina, du hast gut gekocht", rief der Priester und rollte begeistert die Augen.

„Schmeckt es dir auch?", fragte Demetrius und sah Sabine fragend an.

„Ja, sehr gut“, antwortete sie und machte sich tapfer über ihren Polypenarm her, um ihn und Jannis nicht zu enttäuschen.

Nach dem Essen räumte die Mutter das Geschirr vom Tisch, wischte ihn sorgfältig ab und stellte einen Korb mit getrockneten Feigen hin. Nun langte auch Sabine mit Freuden zu. Demetrius erzählte spannende und lustige Geschichten aus seiner Seemannszeit. Der Webstuhl der Mutter rasselte; ab und zu gackerte ein Huhn, eine dicke, weiße Katze sprang Sabine auf den Schoß und schnurrte behaglich, als sie sie streichelte. Es war sehr gemütlich.

Plötzlich hörte das Klappern des Webstuhls auf und das Gesicht von Jannis umwölkte sich. Mit zusammengekniffenen Augen, als blendete ihn etwas, blickte er zur Tür. Sabine wandte sich um. Durch den Kettenvorhang trat ein Mann herein.

„Komm, Konstantin, trink ein Glas Wein mit uns!“, sagte Demetrius.

Konstantin begrüßte den Priester und Sabine mit Höflichkeit, schlug Jannis kameradschaftlich auf die Schulter und lachte Demetrius zu. Er war noch jung, hatte dichtes, schwarzes Haar und kleine, fast schwarze Äuglein, die flink umherhuschten. Christina schien ihm nur widerwillig einen Becher zu bringen. Demetrius erzählte weiter, aber es war nicht mehr so gemütlich wie vorher. Jannis war schweigsam geworden. Als der Priester sich verabschiedete, stand Konstantin auf. „Ich muss auch fort“, sagte er, „ich war nur hereingekommen, um zu fragen, ob ihr beim Schwammtauchen meine Hilfe braucht.“

Jannis machte eine abwehrende Handbewegung, aber Demetrius antwortete: „Ja, wir werden Ende der Woche wieder ausfahren. Da könnten wir einen dritten Mann gut brauchen.“

Jannis begleitete Sabine nach Hause. Er sah finster vor sich hin. Plötzlich brach es aus ihm heraus. „Konstantin hat den bösen Blick. Er wird uns noch Unglück bringen. Mutter weiß es auch, aber Vater glaubt nicht daran."

Sabine antwortete nichts, stimmte jedoch im Stillen Demetrius bei. Der höfliche, freundliche Konstantin schien ja wirklich nicht so gefährlich zu sein.

Der Delfin

Sie saßen auf der äußersten Spitze der felsigen Landzunge an ihrem Badestrand. Die Schildkröte Amanda lag in Sabines Hand und schlief. Jannis spielte auf einer Flöte, die er sich aus einem Bambusrohr gemacht und bunt bemalt hatte. Er musste sie weit in den Mund stecken, die Backen aufpusten und tüchtig blasen. Er sah komisch aus, so zusammengekrümmt mit den Pausbacken und einem zerlöcherten Strohhut seiner Mutter, den er zum Schutz gegen die Sonne aufgesetzt hatte. Aber die Melodie, die er blies, war weich und süß.

„Spiel weiter", bat Sabine, als er einen Augenblick aufhörte, um zu verschnaufen.

„Ja", sagte Jannis, „vielleicht kommt dann der Delfin."

„Was für ein Delfin?"

„Soll ich erzählen oder flöten?

„Erst erzählen und dann flöten."

Und so erzählte Jannis die Geschichte von seinem Großvater. Der Großvater war auch in dem kleinen Dorf aufgewachsen, in dem Jannis wohnte. Er war gut Freund mit den anderen Dorfjungen und spielte gern mit ihnen.

Aber manchmal hatte er große Lust, mit seiner Flöte allein zu sein. Er ging oft in diese einsame Bucht, setzte sich auf die Landzunge und spielte seine Melodien. Dabei schaute er aufs Meer und sah manchmal ein Schiff vorüberziehen.

Einmal beobachtete er eine Schar Delfine, die nicht weit

von der Küste entfernt ihre lustigen Spiele trieben. Er schaute den seltsamen Säugetieren zu, die wie große Fische aussehen. Sie schwammen an der Wasseroberfläche, schnellten sich in die Höhe, sprangen mehrere Meter hoch in die Luft, überschlugen sich und wirbelten wieder ins Meer zurück. Es war wie ein übermütiger Tanz. Als er sah, dass die Tiere weiter ins Meer hinausschwammen, fing er wieder an, auf seiner Flöte zu spielen. Da bemerkte er, dass sich eins von ihnen von der Gruppe trennte und auf ihn zuschwamm. Er hörte erstaunt mit Flöten auf. Sofort wandte sich der Delfin um und folgte seinen Gefährten. Sobald der Junge aber von neuem seine Melodie erklingen ließ, drehte das Tier wieder dem Ufer zu. Nun wurde dem Jungen klar, dass der Delfin von der Musik angelockt wurde. Er ließ die Flöte nicht mehr vom Mund, so knapp ihm auch die Luft wurde. Das Tier schwamm bis auf ein paar Meter an ihn heran, streckte den Kopf aus dem Wasser, blickte ihn mit kleinen schlauen Äuglein an und öffnete das schnabelartige Maul, als lachte es. Da vergaß der Junge vor Erstaunen doch das Flöten. Ruhig wandte sich das Tier um und glitt davon.

Am nächsten Abend saß der Junge wieder auf der Landzunge und flötete. Und wieder kam der Delfin bis dicht an den Felsen heran, schaute aus dem Wasser und lachte. So geschah es nun fast jeden Abend. Immer, wenn der Junge die Flöte blies, erschien der Delfin. Manchmal belohnte er den kleinen Musikanten, indem er seinen plumpen Körper zu einem blitzenden Bogen in die Luft schnellte, sich überschlug und dabei lustig mit dem Schwanz wippte.

Eines Tages fuhr der Junge allein mit einem Boot zum Fischen hinaus. Es war sehr heiß. Ein Gewitter drohte. Die Sonne stach und er wurde müde und schlief schließlich ein. Er erwachte von einem furchtbaren Donnerschlag. Der kleine Kahn schaukelte und schwankte gefährlich. Es war ganz dunkel geworden und der Regen hing wie ein dichter Vorhang um ihn herum. Er klammerte sich an den Rand des Bootes, das immer wilder schaukelte. Schon schlugen Wellen hinein, und ehe der Junge ganz zur Besinnung kam, wurde es von einer mächtigen Woge hochgehoben und kieloben wieder zurückgeschleudert. Er versuchte sich an das Holz zu klammern, aber seine Hände glitten ab und er war ohne jeden Halt inmitten der tobenden Wassermassen. Zwar konnte er schwimmen und blieb vorläufig oben. Aber wohin sollte er sich wenden? Er wusste ja nicht, wo das rettende Ufer war. Verzweifelt versuchte er in eine Richtung zu schwimmen, aber die Wellen saugten ihn immer wieder zurück. Schon wollte er aufgeben. Da merkte er, dass ihn etwas anstieß, fest und doch weich wie die Schnauze eines Tieres. Er erschrak. War das ein Haifisch? Dann würde es schnell mit ihm zu Ende sein. Aber das Maul biss nicht zu. Es stieß ihn wie einen Ball vor sich her, immer weiter und weiter. Er ließ sich treiben. Plötzlich hatte er Grund unter den Füßen. Er stellte sich zitternd auf. Als er sich umblickte, sah er flüchtig das lachende Gesicht des Delfins neben sich. Er watete an Land und brach bewusstlos zusammen. Dort fanden ihn Fischer, die ihre Boote höher auf den Strand ziehen wollten.

Er schlief vierundzwanzig Stunden lang wie tot. Als er seinen Kameraden später erzählte, dass ein Delfin ihn gerettet hätte, glaubten sie ihm nicht. Er nahm sie mit auf die Landzunge, wo er immer die Flöte gespielt hatte, um ihnen den Delfin zu zeigen. Aber das Tier kam nur, wenn er allein war.

Eines Tages sah er noch einen zweiten Delfin in der Bucht. Die beiden spielten übermütig miteinander. Wenn er flötete, kam der eine zu ihm geschwommen, der andere aber kümmerte sich nicht darum. Er sprang nur noch höher, noch übermütiger und lockte den Gespielen ins offene Meer hinaus. Noch einmal sah sich der Delfin nach dem flötenden Jungen um, dann schwamm er mit flinken, gleitenden Bewegungen dem anderen Tier nach und verschwand. Er kam nicht mehr zurück. Noch oft saß der Junge auf der Landzunge und blies die Flöte, aber immer umsonst.

„Niemand glaubte meinem Großvater die Geschichte, weil niemand den Delfin gesehen hat", sagte Jannis, „aber ich glaube sie. Ich sitze oft hier draußen und flöte und warte auf den Delfin." Er steckte das Bambusrohr in den Mund und blies die Backen auf. Süß und weich klang die Melodie über das Meer, das in der untergehenden Sonne rotgolden aufglühte. Sabine starrte auf die zitternden Wellen hinaus, ob nicht ein flinker, dunkler Körper sich eilig dem Land nähere.

Mädchen verstehen nichts von Geschäften

Jannis legte die Flöte beiseite. „Ich muss noch Tomaten ernten." Sie holten aus dem Taubenschlag einen großen Korb und pflückten aus dem trocken raschelnden Laub die kleinen länglichen Früchte. „Sie haben zu wenig Wasser", seufzte Jannis. Unten an der Straße war ein Brunnen. Er holte zwei alte Blecheimer, füllte sie mit Wasser, trug sie zum Feld hinauf und begoss die Pflanzen. Es war eine mühsame Arbeit. Sabine wollte ihm helfen. Aber obgleich sie nur einen Eimer trug, schaffte sie gerade die Hälfte des Weges.

Schließlich wanderten sie mit dem vollen Korb auf das Dorf zu. Kurz davor setzte sich Jannis an den Wegrand und begann mit flinken Fingern die Tomaten zu sortieren. Die angefaulten und unansehnlichen legte er auf den Boden des Korbes, die guten, die gerade die richtige Reife hatten, an die Oberfläche.

„Warum machst du das?", fragte Sabine erstaunt.

„Ich will sie gleich zum Händler bringen“, antwortete Jannis, ohne sich in seiner Arbeit stören zu lassen.

„Aber willst du denn den Händler betrügen?“, fragte Sabine entsetzt.

„Betrügen, was für ein Wort! Das verstehst du nicht. Mädchen verstehen nichts von Geschäften.“ Schweigend gingen sie weiter, den Korb zwischen sich.

In dem Laden des Dorfhändlers Achill roch es nach Ziegenkäse, Wurst, frisch gebackenem Brot und Gewürzen. Achill nahm eine Tomate aus dem Korb und biss hinein. „Könnte reifer sein“, mäkelte er.

„Reifer!“, schrie Jannis empört. „Die Sonne hat tagelang auf sie geschienen, sie rot und süß gemacht. Es sind die besten Tomaten, die ich je gebracht habe.“

„Sie sind zu klein“, sagte Achill und probierte eine zweite.

„Zu klein, zu klein!“, äffte Jannis ihn nach. Er fischte die einzige große Frucht aus dem Korb und hielt sie Achill hin. „Sie sind herrlich, groß wie Kinderköpfe.“

„Fünf Drachmen[3]“, sagte Achill, während er die dritte Tomate verspeiste.

Jannis wurde zornrot. „Fünf Drachmen! Für diese herrlichen Tomaten musst du mir zwanzig geben.“

„Ah, du Spitzbube, nicht mehr als zehn“, grinste Achill.

„Du willst, dass ich und meine Familie verhungern“, jammerte Jannis. „Gib mir sechzehn!“

„Elf.“

„Vierzehn.“

„Zwölf. Das ist mein letztes Wort.“

Jannis seufzte. „Nur weil du mein Freund bist! Sie sind halb geschenkt. Aber weil du mein Freund bist, sollst du sie für zwölf haben.“

Achill grinste. Er gab Jannis und Sabine je ein Stück

---

[3] griechische Währung

Lukumi, türkischen Honig, dick mit Puderzucker bestreut, und suchte das Geld heraus.

„Den Korb hole ich mir morgen ab“, sagte Jannis beim Hinausgehen. Auf der Straße schlug er sich vergnügt auf den Schenkel. „Das war ein gutes Geschäft!“

Sabine sah ihn erstaunt an. „Ich denke, du hast die Tomaten halb verschenkt?“

Jannis zuckte die Achseln. „Mädchen verstehen nichts von Geschäften“, sagte er herablassend.

Am Abend saß Sabine mit ihrer Mutter vor Achills Laden. Er hatte ein paar Stühle und kleine Tische aufgestellt und servierte türkischen Kaffee und Eis. Während er der Mutter aus einem Kupferkännchen starken süßen Kaffee in eine winzige Tasse goss, sagte er zu Sabine: „Dein Freund, kleines Fräulein, hat mich mit seinen Tomaten ganz schön hereingelegt.“

Sabine hielt im Eislöffeln inne und wurde so rot wie die geschmähten Tomaten.

„Wie geschickt er die faulen unter die guten gepackt hat“, grinste Achill.

„Aber er wollte doch – er hatte –“, stotterte Sabine. „Sind Sie ihm sehr böse?“

„Böse?“ Achill blickte sie erstaunt an. „Warum denn? Ich hätte besser aufpassen müssen. Der Junge ist schon richtig. Was soll denn aus ihm werden, wenn er nicht geschickt ist im Verkauf? Er ist arm, aber er wird es noch zu etwas bringen.“

Am Nachbartisch saß der Friseur, trank einen Kaffee und ließ sich von Spiro, einem schwarzäugigen, wuschelhaarigen Jungen, die Schuhe putzen. „Meinst du den Albino?“, rief er herüber. „Das ist ein feiner Kerl, obgleich er Haare hat wie ungesponnene Schafwolle. Und einen Bart wird er später sicher auch nicht kriegen. Aber er ist schlau, zäh, mutig, so wie ein richtiger Junge sein muss, und er sorgt für seine alten Eltern.“

„Habt ihr schon einmal gesehen, wie er taucht?“, fragte der kleine Spiro mit seiner hellen Stimme dazwischen, während er auf den Knien hockend die Schuhe des Friseurs mit zwei großen Bürsten blank rieb. „Hui, saust er nach unten wie ein Pfeil und bringt die schönsten und größten Schwämme herauf.“

Achill nickte. „Das Schwammtauchen ist ein gefährliches Geschäft. Schon mancher hat sich dabei einen Schaden zugezogen. Es lohnt sich auch nicht mehr recht. Die Gummischwämme sind viel billiger. Wenn Jannis ein Segelboot hätte, könnte er weiter aufs Meer hinausfahren und fischen. Das würde ihm mehr Geld einbringen. Aber wie soll er sich ein Segelboot kaufen? Durch das Schwammtauchen verdient er gerade so viel, dass sie leben können. Mutter Christina webt die schönsten Teppiche auf der Insel, aber wer kauft ihr schon welche ab? Die Leute hier sind selber arm und haben genug Teppiche.“

Als Sabine im Bett lag, konnte sie lange nicht einschlafen. Sie hatte geglaubt, Jannis schon gut zu kennen; aber heute war er ihr wieder fremd geworden. Als er vom Delfin erzählte und auf der Flöte blies, hatte sie ihn so sehr gern gehabt. Aber nun diese Geschichte mit den Tomaten. In Deutschland wäre jeder böse über einen solchen Betrug gewesen; hier jedoch lachten die Leute darüber und selbst der Betrogene fand es ganz in der Ordnung. Das Handeln war für sie ein lustiger Sport, bei dem der Unterlegene die größere Klugheit und Gewandtheit des Siegers anerkennt. Wie verschieden die Menschen in den verschiedenen Ländern dachten und fühlten!

Schwammtauchen

Sabines Mutter ging oft in das Haus von Jannis und sah Mutter Christina beim Weben zu. Sie konnte stundenlang neben dem Webstuhl sitzen, während Christina die leuchtend bunten

Wollfäden zu Mustern zusammenfügte. Auch heute saß sie wieder dort, als Sabine mit Jannis und Demetrius vom Hafen heraufkam. „Morgen fahren sie zum Schwammtauchen", rief Sabine aufgeregt. „Darf ich mit?"

Mammi runzelte die Stirn. „Ist das nicht recht gefährlich?"

„Nein, nein, Kyria", beruhigte sie Demetrius. „Das kleine Fräulein bleibt ja im Kahn und schaut nur zu. Ich werde auf das Seelchen gut Acht geben. Gib sie uns mit, sie wird uns Glück bringen."

So stand denn Sabine am anderen Morgen, noch ehe die Sonne aufgegangen war, mit Jannis, Demetrius und Konstantin am Hafen und wartete auf den Pater. Sonst ging es am Hafen immer sehr lebhaft zu. Fischer, die vom Fang heimkehrten, luden ihre Beute aus, Händler riefen ihre Waren aus und braune Buben rauften miteinander oder sprangen ins Wasser. Jetzt war alles still und leer.

Aber da kam der Pater mit flatterndem langem schwarzem Kleid die Straße heruntergelaufen. „Verzeiht, meine Kinder, meine Frau hat mich zu spät geweckt!", rief er atemlos. Sie stellten sich um das Boot herum. Der Pater sprach ein paar Gebete und verbrannte etwas Weihrauch. Danach tauchte er zuerst sein Kreuz, dann einen Buschen Basilikumkraut in eine Schüssel mit Wasser, die ihm Jannis hinhielt, und betupfte jedem von ihnen segnend die Stirn. Als sie in dem alten, morschen Kahn vom Ufer abstießen, machte er noch einmal das Kreuzeszeichen hinter ihnen her, wandte sich dann um und lief ebenso eilig, wie er gekommen war, wieder zurück.

Konstantin ruderte. Vater Demetrius lehnte im Bug und schlief immer wieder ein. Die Kinder saßen im Heck. Jannis hatte die Sonnenbrille auf und sah still aufs Meer hinaus. Nach einer halben Stunde ging die Sonne auf. Plötzlich war die kühle graue, ein wenig traurige Welt in lauter Silber und Gold getaucht. Konstantin zog die Ruder ein und warf den Anker aus. Noch immer sprach niemand ein Wort. Jannis zog sich aus, legte die Sonnenbrille zu seinen Kleidern auf die Bank und stand nun in seiner roten Badehose da.

Er war Sabine jetzt wieder ganz fremd, wie er dort stand mit seinem schmalen weißen Körper und der blauen Perle auf der Brust, das ernste, kleine Gesicht der Sonne zugewandt.

Nachdem er dreimal das Kreuz geschlagen hatte, hängte er sich ein Netz um den Hals und band sich einen Gürtel um, an dem ein Messer in einer Scheide steckte. Dann hockte er sich auf die Fersen und umfasste mit beiden Händen einen weißen, flachen Kalkstein, der am Ende einer Leine hing. Er atmete tief ein, sodass sich sein Brustkorb wölbte, und stürzte sich kopfüber ins Meer, in den vorgestreckten Händen den Stein haltend, der ihn hinabzog.

Einen Augenblick sah Sabine den weißen Körper durch das klare, grüne Wasser gleiten, dann war er verschwunden. Ihr Herz klopfte. Es erschien ihr unheimlich, dass der Junge allein in die Tiefe eintauchte. Demetrius war jetzt hellwach. Er hielt die Leine in der Hand und starrte wie gebannt ins Wasser. Konstantin gähnte und machte ein paar Ruderschläge, damit das Boot nicht abtrieb. Er blickte Sabine aus zusammengekniffenen Augen an und lächelte ihr zu, aber sie lächelte nicht zurück.

Es kam ihr wie eine Ewigkeit vor; in Wirklichkeit war aber wohl nur eine halbe Minute vergangen, als Demetrius „jetzt!“ rief. Das Seil in seiner Hand hatte geruckt. Zusammen holten die beiden Männer es ein. Endlich tauchte ein triefender hellblonder Kopf auf. Jannis streckte die Arme aus und sie zogen ihn ins Boot. Er warf das Netz mit der Beute Demetrius zu und ließ sich erschöpft auf den Boden des Bootes fallen. Wasser drang ihm aus Mund und Nase. Er spuckte ein paar Mal aus, schloss dann die Augen und lag ganz still da. Sabine erschrak. Wie blass und abgespannt er aussah!

„Er muss jetzt ausruhen“, sagte Demetrius. „Bitte, kleines Fräulein, leg ihm die Decke über.“

„Du solltest dir auch ein Tauchgerät kaufen, wie die anderen“, sagte Konstantin, „fast niemand taucht jetzt ohne Sauerstoffflasche!“

„Wovon sollen wir ein solches Ding bezahlen?“, fragte Demetrius ärgerlich. Er nahm aus dem Netz zwei schwarze, schleimige Gebilde und legte sie unter die Bank. „Zwei schöne Stücke“, sagte er befriedigt.

Nach einer halben Stunde tauchte Jannis wieder. Sie waren in der Nähe eines großen Felsens, der wie ein erhobener Zeigefinger aus dem Meer ragte. Konstantin hielt das Boot an ihm fest. Diesmal kam Jannis sehr schnell wieder an die Oberfläche zurück und ohne Beute. Er war nicht so erschöpft wie beim ersten Mal, aber er sah erregt aus.

„Warum bist du nicht länger unten geblieben und hast nach Schwämmen gesucht?“, murrte Konstantin.

„Es gibt hier keine“, antwortete Jannis. „Und was geht's dich an? Du wirst für deine Hilfe bezahlt. Etwas anderes hat dich nicht zu kümmern.“

„Du kleiner unverschämter Kerl!“, zischte Konstantin wütend.

„Nun, nun“, beruhigte Demetrius. „Warum sich streiten? Wenn es hier keine Schwämme gibt, werden wir woanders welche finden.“

Sabine erhielt jetzt auch eine Aufgabe. Während die Männer arbeiteten, schöpfte sie mit einer alten Konservenbüchse das Wasser aus dem Boot, das immer wieder durch die morschen Planken drang.

Noch einmal stürzte sich an diesem Vormittag Jannis in die Tiefe. Diesmal blieb er fast eine Minute unten und brachte drei Schwämme nach oben. Davon war er so erschöpft, dass sie auf weiteren Fang verzichteten und heimwärts ruderten. „Fünf Schwämme, eine schöne Beute“, sagte Demetrius zufrieden.

Bunt und laut war das Leben im Hafen. Sie wurden von einer Horde braun gebrannter Buben empfangen, die das Boot ans Ufer zogen und die Beute begutachteten. Sabine merkte, wie sehr sie Jannis bewunderten. Fremd und weiß stand er in ihrer Mitte und erzählte, wie tief er tauchen musste und wie lange er unten geblieben war, um die Schwämme zu finden. Sie bemächtigten sich der Schwämme, wuschen, kneteten und drückten sie, bis der klebrige Inhalt und die schwarze Oberhaut entfernt waren. Jannis saß auf dem Bootsrand und nahm die gereinigten Schwämme in Empfang, die jetzt gelb und locker und weich waren. Mammi, die an dem Kaffeetischchen bei Achill auf die Rückkehr des Bootes gewartet hatte, kaufte Sabine den größten und schönsten der Schwämme. „Möge er dem Fräuleinchen eine zarte Haut bescheren“, sagte Demetrius feierlich.

Der Fund

Als Sabine am anderen Tag an den Strand kam, hockte Jannis im Schatten der Felswand. Es war heiß und sie setzte sich neben ihn, um von dem Weg auszuruhen.

„Wir werden heute Vormittag nicht baden, sondern gleich zurückkehren“, sagte Jannis.

Sabine sah ihn verwundert an. „Warum willst du gleich wieder zurück? Ich habe solche Lust zu baden.“

Jannis schüttelte den Kopf. „Wir haben keine Zeit. Jetzt ist die beste Gelegenheit.“

„Die beste Gelegenheit wozu?“

Jannis sah sie an. In seinen hellen Augen glühte die Pupille rot auf. „Wir müssen zu dem Felsen rudern, der wie ein

Finger aussieht, wir beide allein. Niemand darf davon wissen. Ich habe dort etwas entdeckt und will es heraufholen."

„Warum hast du es nicht gestern heraufgebracht?"

„Weil Konstantin dabei war."

Sabine verstand nicht. Was mochte Jannis entdeckt haben und warum sollte Konstantin nicht davon wissen? Aber sie wagte nicht mehr zu fragen. Er ging ohne ein Wort vor ihr den steilen Weg zur Straße hinauf und war auch den ganzen übrigen Weg lang schweigsam. Schweigend schoben sie den Kahn ins Wasser.

„Wo wollt ihr hin?", fragte Spiro, der Schuhputzerjunge, der seine Beine über die Hafenmauer baumeln ließ.

„Rudern", antwortete Jannis kurz. Mit kräftigen Schlägen ruderte er aufs Meer hinaus, bog um eine Landzunge und hielt auf den seltsamen Felsen zu, der wie ein ausgestreckter Zeigefinger aus dem Wasser ragte. Dort angekommen schlang er ein Seil um eine Felsnase und band das Boot fest.

„Ich will erst einmal sehen, ob ich ohne Stein tief genug tauchen kann." Er zog sich aus, atmete tief ein und sprang über Bord. Kurze Zeit danach tauchte er wieder auf. „Ich muss den Stein nehmen, sonst komme ich nicht tief genug hinunter. Wirst du mich mit dem Stein wieder heraufziehen können?"

Sabine zuckte die Achseln. Sie dachte daran, wie kräftig die beiden Männer gestern gezogen hatten, um den Jungen mit dem Stein wieder in das Boot zu holen.

Zu ihrer Erleichterung schüttelte Jannis den Kopf. „Nein, das wirst du nicht schaffen! Ich werde den Stein abschneiden und ihn unten lassen. Wenn ich mich tüchtig abstoße, kannst du mich sicher hochziehen." Schon schlang er sich das Seil um die Brust. Das am Boot befestigte Ende legte er Sabine in die Hand. „Wenn ich am Seil rucke, ziehst du." Er schnitt den Stein ab, nahm ihn in beide Hände und stürzte sich kopfüber in die Tiefe.

Sabine saß mit dem Seil in der Hand. Ihr Herz klopfte rasend. Würde sie es auch merken, wenn Jannis daran ruckte? Würde sie die Kraft haben, ihn hochzuziehen? Wenn nicht, was dann? Und wenn er nicht am Seil zog, sich nicht mehr meldete, was sollte sie dann tun? Sie sah auf ihre Armbanduhr. Erst eine Viertelminute war vergangen und es kam ihr wie eine Ewigkeit vor. Der Wasserspiegel war glatt und regungslos. Der Felsen drohte mit seinem schwarzen Finger zu dem leuchtend blauen Himmel empor. Das Seil lag still in ihrer Hand. Durch die morschen Planken drang wieder Wasser in den Kahn; aber sie wagte es nicht, sich zu rühren und mit der Konservenbüchse zu schöpfen. Ihre Füße wurden nass, doch sie achtete nicht darauf und starrte wie gebannt auf das Seil. Eine halbe Minute – nichts. Eine dreiviertel Minute – nichts. Wie lange musste sie wohl warten? Da plötzlich durchfuhr es sie wie ein Schlag: Das Seil in ihrer Hand hatte geruckt. Sie zog. Zuerst ging es ganz leicht, aber dann spannte das Seil und es war, als hinge ein Felsen daran. Wie konnte Jannis' schmaler Körper nur so schwer sein? Sie biss die Zähne zusammen, stemmte die Füße gegen die Bootswand und legte sich nach hinten. Ihr wurde schwindelig vor Anstrengung. Das Seil schien sich kaum zu bewegen. Doch plötzlich spürte sie, dass der Körper höher stieg, sodass sie das Seil einholen musste. Sie lehnte sich weit nach rückwärts und zog mit aller Kraft. Fast wäre das Boot umgekippt, doch schon griff Jannis nach dem Rand, sodass es wieder zurückschwang. Jannis hing einen Augenblick wasserspeiend am Boot, zu schwach, um sich hineinzuziehen. Auch Sabine war zu erschöpft, um ihm helfen zu können. Aber nachdem er Luft geschöpft hatte, warf er ein Bein über die Bordwand und ließ sich in den Kahn rollen.

Keuchend blieb er auf dem Boden liegen und rang nach Atem. Sein Gesicht war schneeweiß, unter seinen Augen lagen schwarze Ringe. Mit der linken Hand umklammerte er einen schwarzen Gegenstand.

Allmählich atmete er ruhiger, die Farbe kehrte in sein Gesicht zurück. Er öffnete die Hand und ließ den Gegenstand auf den Boden rollen. Ein kleines, fratzenhaftes Gesicht grinste Sabine an. Zwei spitze, lange Ohren schienen zu lauschen. Sabine fuhr zurück. Schaudernd betrachtete sie den schwarzen Leib, der mit Muscheln besetzt war, die hässlichen Bocksfüße, die kleine halb geöffnete Hand, die nach etwas zu greifen schien. Obgleich ein Arm fehlte, wirkte die Figur so lebendig, als wollte sie gleich aufstehen und einen komisch hüpfenden Tanz aufführen.

Jannis nahm sie wieder in die Hand, wischte mit einer zärtlichen Bewegung Schlamm und Algen von dem krausen Haar und versuchte die Muscheln von dem schwarzen Körper zu lösen. „Ein Gott“, sagte er andächtig, „ein uralter Gott!“

Sabine hatte in dem Museum in Athen, in dem ihr Vater arbeitete, schon viele Stein- und Bronzefiguren gesehen, die die alten Griechen vor über zweitausend Jahren als Bildnisse ihrer Götter geformt hatten. Viele davon hatte man im Meer gefunden. Die meisten waren größer als die Figur, die Jannis gefunden hatte, aber keine war ihr so lebendig erschienen wie diese. Als sie zurückruderten, wagte sie kaum auf den schwarzen Gott zu blicken, der zu Jannis’ Füßen lag, weil sie sich vor seinen spöttischen Blicken fürchtete. Sie hatte jetzt aber auch zu viel zu tun, um sich um die Figur kümmern zu können. Immer mehr Wasser drang in den Kahn, sie musste tüchtig schöpfen.

Jannis ruderte nicht zurück zum Hafen, sondern hielt auf den kleinen Strand zu, an dem er und Sabine zu baden pflegten. Geschickt steuerte er zwischen den Klippen hindurch, die zum Teil unter der Wasseroberfläche lagen. Aber kurz vor dem Ufer lief das Boot doch auf einen

Felsen auf. Es gab einen knirschenden Laut, Holz splitterte und aus einem Loch im Boden sprudelte nun das Wasser unaufhaltsam hervor. Jannis sprang aus dem Boot, schob es von dem Felsen fort und zog es an Land. Betrübt betrachtete er den Schaden. „Das wird ihm den Rest geben. Was sollen wir nur ohne Boot machen?“ Er sah einen Augenblick sorgenvoll aus. Doch dann zuckte er die Achseln. „Ach, es wird schon noch zu flicken sein. Ich werde es nachher zu Niko, dem Bootsbauer, bringen. Er ist sehr geschickt und wird es wieder ganz machen.“ Schnell waren die Sorgen um das Boot vergessen und er beugte sich andächtig über seinen Fund. „Er ist schön, nicht wahr? Er ist wunderbar!“

Sabine schwieg. Sie fand die kleine Gestalt nicht schön, sondern unheimlich. „Was willst du mit ihm tun?“, fragte sie schließlich.

Jannis überlegte. Plötzlich strahlten seine Augen auf. Er zeigte auf den verlassenen Taubenschlag in dem Tomatengarten. „Dort werden wir ihn verstecken, da ist er sicher.“

„Aber musst du ihn nicht einem Museum abgeben?“

„Auf der Insel gibt es kein Museum. Außerdem gehört er mir. Ich habe ihn gefunden.“

In dem finsteren, kleinen Taubenschlag, der mit Gerümpel vollgestopft war, bereiteten sie in einer Ecke aus Blättern und Kräutern ein Lager für den schwarzen Gott und deckten ihn mit Blättern zu. Sabine war fast erleichtert, als das pfiffige Gesicht sie nicht mehr angrinste.

Jannis nahm ein altes Brett, ein paar Nägel und einen Hammer mit an den Strand und flickte das Boot notdürftig. Um es nicht zu sehr zu belasten, wollte er allein zurück zum Hafen rudern. Sabine sollte auf der Landstraße nach Hause gehen. Bevor er fortfuhr, schärfte er ihr noch ein, keinem Menschen etwas von ihrem Fund zu erzählen. „Es ist unser großes Geheimnis“, sagte er und wieder glühten seine Pupillen rot auf.

Der Vormittag war anstrengend und aufregend gewesen. Als Sabine eine Weile gegangen war, setzte sie sich an den Straßenrand und blickte zurück. Weiß leuchtete von dem Tomatenfeld der Taubenschlag herüber. Mit seinen vier Türmchen und den durchbrochenen Wänden sah er wie ein kleines Märchenschloss aus. Er war ein würdiges Haus für den schwarzen Gott.

Wenn Sabine jetzt zum Baden ging, fand sie Jannis fast niemals am Strand, sondern oben im Tomatengarten. Er besserte den Taubenschlag aus, kalkte ihn neu und räumte den kleinen Raum auf. Von Mutter Christina hatte er einen alten, verschlissenen Teppich erbeten, der aber noch immer die schönen leuchtend bunten Muster zeigte, die sie auf ihrem Webstuhl hervorzauberte. In diesen Teppich wickelte Jannis den schwarzen Gott sorgfältig ein. Manchmal holte er ihn ans Tageslicht, nachdem er sich vorher überzeugt hatte, dass niemand in der Nähe war. Dann stellte er ihn an den Fuß einer Seekiefer, setzte sich davor und blies die Flöte. Der Wind rauschte in den langen Nadeln der Kiefern. Die Flöte sang ihr schwermütiges Lied und der kleine Gott schien danach zu tanzen.

Jannis erschien Sabine dann ganz fremd, ernst und verschlossen, als lebte er in einer anderen Welt, an der sie keinen Anteil hatte. Sie war immer froh, wenn sie ihn von dem Gott fort zum Strand locken konnte. Dort wurde er wieder der fröhliche Junge, der mit ihr schwatzte und lachte, im Wasser herumtobte und ihr vom Meeresgrund Ohrmuscheln für eine Kette holte. Auch wenn er mit Sabine und Mammi ein Eis aß, mit Achill um Tomaten feilschte oder sich mit den Buben im Hafen raufte, ahnte man nichts davon, wie anders Jannis in dem Tomatengarten am Taubenschlag sein konnte. Sabine hatte Mammi nichts von dem schwarzen Gott erzählt, obgleich es ihr schwer fiel; aber Jannis hatte ja gesagt: „Das ist unser großes Geheimnis.“

Als sie eines Tages wieder zum Taubenschlag kam, lehnte der kleine Gott an der Kiefer und Jannis hockte davor. Er hatte die Augen geschlossen und war so versunken, als schliefe er.

„Jannis!“, rief sie.

Er schrak zusammen und öffnete die Augen, dann lächelte er ihr zu. „Der Kahn kann nicht mehr repariert werden. Niko sagt, er sei zu morsch. Was sollen wir nur machen? Ohne Kahn müssen wir verhungern.“ Trotz dieser schlimmen Nachricht schien Jannis nicht verzweifelt zu sein. „Ich habe ihn eben gebeten mir zu helfen.“ Er zeigte auf den schwarzen Gott. „Und er wird mir helfen. Ich weiß es genau.“

Sabine erschrak. Wie konnte Jannis glauben, dass ihm die kleine Figur zu einem Boot verhelfen würde? Und wovon sollten Jannis, Demetrius und Christina leben, wenn Jannis nicht mehr nach Schwämmen tauchen konnte?

Heute nahm Jannis den schwarzen Gott mit an den Strand. Er trug ihn in seinem bunten Teppich hinunter, wickelte ihn aus und badete ihn. Wieder versuchte er die Muscheln zu lösen, die sich während der Jahrhunderte auf dem Meeresgrund an der Bronze festgesetzt hatten. Sabine half ihm dabei. Sie waren beide ganz vertieft in ihre Arbeit, als plötzlich über ihnen jemand rief: „Was habt ihr denn da?“

Hastig deckte Jannis den Teppich über die Figur. Konstantin stand auf einem Felsen und blickte auf sie herab. „Was ist es?“, fragte er. „Eine Muschel oder ein Fisch oder was sonst?“

„Nichts“, antwortete Jannis scharf. „Es geht dich nichts an.“

Konstantin kam näher. „Lass doch einmal sehen, du Kratzbürste“, sagte er spöttisch und wollte nach dem Teppich greifen. Blitzschnell packte Jannis sein Handgelenk und bog es zurück. Der Mann schrie vor Schmerz auf, sein Gesicht wurde rot vor Wut und er wollte sich auf den Jungen stürzen. Aber Jannis rief: „Lass uns in Ruh, geh weg. Wenn du mir etwas tust, nimmt mein Vater dich nicht mehr zum Schwammtauchen mit."

Konstantin zögerte. Dann wandte er sich um und stieg schweigend zur Straße hinauf. Oben drehte er sich noch einmal um. Seine schwarzen Augen funkelten böse. „Das wirst du noch bereuen", schrie er. Dann steckte er die Hände in die Hosentaschen und ging pfeifend davon.

Jannis war ganz blass geworden. „Ob er ihn gesehen hat?", flüsterte er.

Sabine hob die Schultern.

„Ich muss ihn schützen." Jannis nahm die Schnur mit der blauen Perle von seinem Hals, legte sie in die kleine halb geöffnete Bronzehand des Gottes, die vor Tausenden von Jahren einmal etwas anderes gehalten hatte, und band sie am Unterarm fest. „Jetzt wird ihm nichts geschehen", sagte er erleichtert. Trotzdem brachte er am nächsten Tag an der Tür des Taubenschlages ein altes Schloss an, das er sich von Achill erbettelt hatte.

Bauernhochzeit

Jannis humpelte stöhnend in der Stube herum. „Es wird schon gehen", murmelte er. Sabine sah ihm mitleidig zu. Mammi sagte: „Es geht nicht, Jannis, du kannst keine zehn Schritte damit laufen!"

Jannis blieb stehen und blickte finster vor sich hin. „Dann kann ich nicht mit zur Hochzeit. Ohne Schuhe kann man nicht zu einer Hochzeit gehen."

„Aber Sabines Schuhe sind dir nun einmal zu klein. Kann dir nicht jemand anders welche leihen?"

Jannis schüttelte den Kopf. „Ich bin schon überall herumgelaufen. Entweder passen mir die Schuhe nicht oder die anderen brauchen sie selber, weil sie auch zur Hochzeit gehen.“ Er schlug sich wütend mit der Faust aufs Knie. „Nun heiratet meine Kusine Artemis und es gibt eine richtige Bauernhochzeit mit Tanz und viel Essen und ich kann nicht hin, weil ich keine Schuhe habe.“

Mammi und Sabine sahen sich ratlos an. Auf einmal hatte Sabine eine Idee. „Mammi, vielleicht passen ihm deine!“

Mammi wiegte zweifelnd den Kopf, holte aber doch ihre Schuhe aus dem Schrank. Und wirklich, ein paar Sandalen passten, ein paar zierliche, rote Damensandalen. Es sah sehr komisch aus, wie Jannis auf den dünnen, geschweiften Absätzen einherstolzierte und mit den schmutzigen Zehen wackelte, die vorne herausschauten. „Es geht“, jubelte er. „Ich kann zur Hochzeit und Sabine kommt mit. Sie darf doch mit, nicht wahr, Kyria?“

„Sie ist ja gar nicht eingeladen! Was wird deine Kusine sagen, wenn sie so einfach mitkommt?“

„Meine Kusine wird geehrt sein, wenn sie zu ihrer Hochzeit einen Gast aus der Fremde hat.“

Ein paar Tage später stand Sabine am frühen Morgen mit Jannis, Demetrius und Christina bei den drei Windmühlen oberhalb des Dorfes. Wie frisch gewaschen lag das Dörfchen unter ihnen in der Morgenfrühe.

Ein leichter Wind blies die Leinwandflügel der Mühlen auf, sodass sie wie dicke Bäuche aussahen, und ließ sie flink herumwirbeln.

Pferdehufe klapperten. Achill kam mit seinem Wagen dahergefahren. Sie stiegen auf und fuhren in das Innere der Insel zu dem Bauernhof, wo die Hochzeit stattfand. Achill, der die Zügel hielt, summte ein Lied vor sich hin, Christina schaute still und fröhlich auf das Land hinaus. Jannis, der Mammis Schuhe an einer Schnur um den Hals gehängt hatte, kaute Sonnenblumenkerne und spuckte die Schalen in weitem Bogen auf den Weg. Demetrius grüßte Vorüberkommende und rief ihnen Scherzworte zu.

Das halbe Dorf war unterwegs zur Hochzeit. Sie gingen zu Fuß oder hockten auf ihren Eseln. Manchmal hingen ganze Familien wie Trauben auf den schmalen Tierrücken. Die Frauen saßen seitlich. Wenn das Eselchen nicht schnell genug lief, trommelten sie mit ihren Absätzen an seinen Bauch; aber sie trommelten sanft, um ihm nicht weh zu tun.

„Ich wusste gar nicht, dass meine Nichte Artemis so viele Verwandte hat“, rief Demetrius einer Gruppe von mehreren Familien zu, die festlich gekleidet mit Kindern und Hunden zum Hochzeitsdorf pilgerten.

Ein großer Mann mit einem schwarzen Stoppelbart antwortete lachend: „Meine Urgroßmutter ist die Schwester von der Ururgroßtante von Artemis’ Großmutter.“

Die Hochzeitsfeier war schon in vollem Gange. Vor dem Brauthaus wurde getanzt. In einem großen Kreis hatten sich Männer und Frauen an ihren Taschentüchern angefasst und tanzten in einem stampfenden Rhythmus ein paar Schritte rechts, ein paar Schritte links, ein paar Schritte rechts, ein paar Schritte links. Die bunten Röcke der Frauen schwebten wie Schmetterlinge rot und blau und gelb zwischen den schwarzen Pluderhosen der Männer. Manchmal löste sich ein Mann aus dem Kreis und begann einen wilden Tanz. Er ließ sich in die Hocke fallen und warf die Beine nach vorn, drehte sich wie ein Kreisel oder sprang hoch in die Luft. Die schwarzen, weiten Hosen, in denen die Männer Kissen trugen, flatterten bei den wilden Bewegungen.

Jannis und Sabine begrüßten die Brauteltern und bekamen von ihnen knusprige, mit Sesam bestreute Kringel. Doch Jannis schielte immerfort zu den Tanzenden hinüber, und sobald er seinen Kringel verzehrt hatte, schleuderte er

Mammis Sandalen von den Füßen und reihte sich in ihren Kreis. Eine Weile stampfte er in der Reihe, dann warf er sich plötzlich mit einem kleinen Vogelschrei in die Mitte und tanzte dort allein. Er wirbelte und hüpfte und sprang höher und kunstvoller als alle anderen bisher. Sein helles Haar wehte und die Sonnenbrille fiel ihm von der Nase. Die Bauern feuerten ihn durch laute Zurufe an. Als der Tanz beendet war, umringten sie ihn, schlugen ihm auf die Schulter und riefen lachend: „Gut, Jannis, fein gemacht!“ Wie ein seltsamer heller Vogel wirkte er unter den dunkelhaarigen, dunkeläugigen Menschen.

Jetzt kam die Braut aus dem Haus. Sie trug ein schönes rotes Atlaskleid mit bunten Bändern besetzt und hatte eine Kette aus alten, goldenen Münzen um den Hals. Arm in Arm mit ihren Freundinnen schritt sie zur Kirche. In langen, bunten Reihen gingen die Frauen voran, dann folgten die Männer mit dem Bräutigam in ihrer Mitte. Voraus marschierten die Musiker und auf den Dächern der Häuser standen Männer und schossen mit ihren Flinten in die Luft.

In der Kirche war es so voll, dass Sabine nicht mehr hineinkam. Aber auch draußen gab es genug zu sehen. Der Tanz ging vor der Kirche weiter, immer rundherum, immer rundherum. Ein Mann gab den Tänzern von Zeit zu Zeit in kleinen Gläsern Anisschnaps zu trinken. Auch Jannis griff nach einem Glas und kippte es, eine Grimasse schneidend, hinunter. Er tanzte danach noch wilder und übermütiger.

Endlich führte der Priester in einem prächtigen, goldgestickten Gewand das Brautpaar aus der Kirche heraus. Beide trugen Kränze aus Orangenblüten im Haar. Die Umstehenden überschütteten sie mit Reiskörnern, Mandeln und Geldstücken. Arm in Arm gingen nun alle zum Brauthaus, vor dem zwei Tafeln aufgestellt waren. An die eine Tafel setzten sich die Männer, an die andere die Frauen.

Sabine fühlte sich ein wenig verlassen unter den vielen fremden Menschen. Sie konnte Christina und Demetrius nicht finden und Jannis war umgeben von einem Kreis von Burschen. Da berührte sie plötzlich eine Hand und eine zittrige Stimme sagte: „Du bist fremd hier, mein Seelchen; komm setz dich zu mir!“ Ein altes, runzliges Gesicht blickte sie aus einem schwarzen Kopftuch an. Die Alte zog sie hinter sich her zur Tafel. „Du bist nicht von hier. Woher kommst du?“

„Aus Deutschland“, antwortete Sabine.

„Wo ist denn das? Ist das so weit wie Athen?“ Ohne auf eine Antwort zu warten, rief die Alte über den Tisch: „Gebt dem kleinen Herz zu essen. Sie ist so weit her, so weit wie Athen.“

Einige Frauen stellten jetzt Teller mit Bröckchen von Ziegenkäse, kleinen Fleischklößen, Oliven und Tomaten auf den Tisch. Über Holzkohlenfeuern wurde an Spießen Hammelfleisch gebraten. Es duftete sehr appetitlich. Die Alte häufte Sabine den Teller voll. „Iss, iss, mein Seelchen, du musst groß und stark werden!“, sagte sie und stopfte selbst in sich hinein, was sie nur konnte.

Sabine sah am anderen Tisch Jannis zwischen den Männern sitzen. Er lachte und winkte ihr zu. Die Männer waren nach dem wilden Tanz hungrig und durstig. Sie ließen sich immer wieder die Teller füllen und neuen Wein einschenken, der stark nach Harz roch. Schließlich waren alle satt und saßen ermattet da. Der Priester stimmte ein Lied an. Manche sangen mit. Andere lehnten sich zurück und spielten mit ihren Gambolois, gelben Perlenketten, die fast jeder Grieche bei sich trägt, zu nichts nütze als zum Herumspielen.

Es war spät am Abend, als Sabine mit Achill nach Hause fuhr. Jannis und seine Eltern waren nicht mitgekommen, weil die Hochzeit noch zwei Tage gefeiert werden sollte. Aber Achill konnte seinen Laden nicht so lange allein lassen und Mammi wünschte, dass Sabine am selben Abend heimkam. Oberhalb des Dorfes neben den drei Windmühlen hielt Achill den Wagen an. Das weiße Dörfchen lag gespenstisch im Mondlicht. Es sah so unwirklich aus, als wäre es aus Schnee oder aus Zucker. Eine schwarze Gestalt kam die Straße herauf.

„Konstantin“, rief Achill, „bring das kleine Fräulein nach Hause. Sie ist schneller daheim, wenn du mit ihr durch die Gassen gehst, als wenn wir erst um das ganze Dorf herumfahren.“

„Aber gern“, sagte Konstantin mit seiner weichen Stimme. Als sie durch die engen Gässchen gingen, war alles still. Die Leute waren auf der Hochzeit oder sie schliefen schon. Sabine fröstelte. Ihr war ein wenig unheimlich zumute.

„War es schön auf der Hochzeit?“, fragte Konstantin.

Sabine nickte.

„Bleibt Jannis noch ein paar Tage dort?“

Sie nickte wieder.

„Du willst wohl nicht mit mir reden, weil ich dir nicht fein genug bin“, sagte er plötzlich scharf.

Sabine erschrak. Was wollte der Mann von ihr? „Ach wo“, flüsterte sie.

„Na, dann kannst du mir ja eine Frage beantworten.“ Konstantins Stimme klang gar nicht mehr weich. „Wie kommt das große Loch in Jannis’ Kahn?“

Sabine zuckte die Achseln.

„Antworte mir!“, rief Konstantin drohend.

Sie beschleunigte ihre Schritte, aber er packte ihren Arm mit einem schmerzhaften Griff. „Antworte!“, zischte er.

Sehnsüchtig sah Sabine die leere Gasse entlang, die blendend weiß im Mondlicht lag. An ihrem Ende befand sich das Hotel, aber die schwarze Gestalt des Mannes versperrte ihr den Weg. Plötzlich ertönten Schritte. Konstantin ließ Sabine los. Mammi bog um die Ecke.

„Ah, Kyria, guten Abend“, sagte Konstantin schmeichelnd. „Ich wollte das kleine Fräulein nach Hause bringen. Es ist nicht gut, dass sie hier so allein herumläuft.“ Er verbeugte sich und war im nächsten Augenblick verschwunden.

„Was war das für ein Mann?“, fragte Mammi. „Ich bin dir entgegengegangen, weil ich plötzlich unruhig war.“

„Gut, dass du gekommen bist!“

Eine böse Entdeckung

Mammi und Sabine saßen beim Mittagessen, als Jannis erschien. Er klopfte sich strahlend den Bauch. „Ich habe auf der Hochzeit für eine Woche Vorrat gegessen!“

„Aber dicker bist du nicht geworden“, sagte Mammi.

Jannis lachte. „Alles, was ich mir angegessen habe, hab ich auch wieder abgetanzt. Aber es war schön.“ Dann reichte er Mammi mit einer feierlichen Verbeugung ihre roten Sandalen. „Vielen Dank, Kyria. Es ist ihnen nichts geschehen. Ich habe sie eben noch von Spiro putzen lassen.“

Nach dem Mittagessen wanderten die Kinder zum Badestrand und tobten im Wasser herum. Jannis sagte: „Die Hochzeit hat mich vergnügt gemacht. Vater hat seine Sorgen um unseren Kahn vergessen. Er hat viel Wein getrunken und meinte, es wird schon werden. Das glaube ich auch. Außerdem habe ich die Panagia, die Gottesmutter, um einen neuen Kahn gebeten.“

„Aber du hast doch schon den schwarzen Gott darum gebeten“, erwiderte Sabine erstaunt.

Jannis sah sie überlegen an. „Es ist besser, wenn man sich nicht nur auf einen verlässt.“

Nach dem Baden stiegen sie zum Tomatengarten hinauf. Strahlend weiß leuchtete der Taubenschlag unter dem tiefblauen Himmel. Jannis lachte und schwatzte. Aber plötzlich hielt er mitten im Wort inne und starrte auf die Tür des kleinen Hauses. Sie stand offen und das Schloss lag zerbrochen auf der Erde. Mit ein paar Sätzen war Jannis in dem Raum und blickte sich um. Nichts schien verändert zu sein. In der Ecke lag die bunte Decke zusammengerollt auf dem Laubhaufen. Hastig wickelte Jannis sie auseinander. Sie war leer. Er durchwühlte den Haufen. Nichts. Der schwarze Gott war verschwunden.

Jannis stand mit hängenden Armen. Sein helles Gesicht war so weiß geworden wie die frisch gekalkte Wand. „Er ist fort“, sagte er tonlos. Plötzlich warf er sich auf die Erde und schluchzte, mit den Fäusten hämmernd: „Jemand hat ihn gestohlen!“

Sabine stand erschrocken vor seiner Heftigkeit. „Vielleicht ist er draußen, wir wollen ihn suchen“, sagte sie zaghaft.

Jannis schüttelte den Kopf, aber er erhob sich. Sie suchten den Garten ab, schauten hinter Bäume und Felsen, aber die Figur fanden sie nicht. Schließlich setzten sie sich erschöpft hin. Jannis schwieg. Er hatte seit dem Ausbruch kein Wort mehr gesprochen. Die Gläser der Sonnenbrille sahen sehr dunkel aus in dem kalkweißen Gesicht. Sabine wusste nicht, was in ihm vorging. Ihr war unheimlich zumute. Außer dem dumpfen Rauschen der Seekiefer war es ganz still um sie. Plötzlich stand Jannis auf. Schweigend gingen sie nebeneinander auf das Dorf zu. Sabine hätte gern etwas gesagt, irgendetwas Tröstliches, aber ihr fiel nichts ein. Wer mochte den schwarzen Gott gestohlen haben? Wer hatte ein Interesse daran?

Als sie vor dem Hotel angekommen waren, nickte Jannis ihr kurz zu und stieg dann die schmale Gasse hinauf, die zu seinem Haus führte. Ein kleiner Junge kam ihm auf einem dicken Esel entgegen. „Hallo, Jannis, wie war es auf der Hochzeit?“, rief er. Jannis drängte sich ohne ein Wort an dem Esel vorbei und stieg weiter bergan. Der Junge schüttelte den Kopf und gab seinem Esel einen Klaps, worauf der Esel sein Maul aufsperrte und einen schrillen, klagenden Schrei von sich gab. Sabine wusste, dass Jannis am liebsten auch so geschrien hätte.

Am Abend saß sie mit Mammi zusammen vor Achills Laden. Das Eis wollte ihr heute nicht schmecken; sie musste immer an Jannis und seinen Kummer denken. Dabei hatte sie sich so auf heute Abend gefreut, denn sie erwarteten das Schiff, das Vati zur Insel bringen sollte. Acht Tage wollte Vati hier bleiben und dann mit ihnen zusammen nach Athen fahren. Mammi war ein bisschen aufgeregt. Sie hatte rote Backen und fragte Achill schon zum fünften Mal, wann das Schiff denn nun endlich käme.

Achill zuckte die Achseln. „Wer weiß das, Kyria? Eigentlich sollte es schon vor einer Stunde angekommen sein. Vielleicht kommt es jetzt gleich oder in zwei Stunden oder erst heute Nacht. Das weiß man bei uns nie so genau.“

„Erst heute Nacht?“, seufzte Mammi.

„Nun, nun, so schlimm wird es nicht werden“, rief vom Nachbartisch der dicke Bürgermeister, der dort einen Uso, einen Anisschnaps, trank und das Gamboloi, die gelbe Perlenkette, zwischen seinen Fingern drehte. „Das Schiff wird bald kommen, sehr bald. Sie erwarten den Herrn Gemahl, Kyria?“ Plötzlich blitzten seine kleinen Äuglein auf. „Der Herr Gemahl arbeitet in Athen am Museum, nicht wahr?“ Als Mammi das bestätigte, fuhr er wichtig fort: „Darf ich mich zu Ihnen setzen, Kyria? Ich möchte etwas mit Ihnen besprechen, das Ihrem Herrn Gemahl sicher sehr nützlich wäre.“

Mammi nickte und der Bürgermeister zog sein Eisenstühlchen an ihren Tisch. „Noch einen Uso“, rief er Achill zu, „und einen türkischen Kaffee für die Kyria und Lukumi für das kleine Fräulein!“

Mammi wehrte ab. Aber der Bürgermeister lächelte.

„Sie müssen mir erlauben, meine Gäste zu sein. Auch bespricht sich ein Geschäft besser, wenn man etwas verzehrt.“

„Wie könnte ich mit Ihnen ein Geschäft machen?“, fragte Mammi erstaunt.

„Das werden Sie gleich sehen, Kyria, Sie werden sehen!“ Der Bürgermeister lächelte und ließ seine Perlen klicken. Als Kaffee, Uso und Lukumi gebracht worden waren, beugte er sich vor und sagte leise: „Kyria, ich habe in meinem Amtszimmer etwas liegen, was den Herrn Gemahl interessieren wird.“

„Dann müssen Sie mit meinem Mann darüber sprechen“, entgegnete Mammi zerstreut und sah sehnsüchtig aufs Meer hinaus, ob sich nicht endlich ein Rauchwölkchen am Horizont zeigte.

„Es wäre gut, wenn Sie den Herrn Gemahl schon vorbereiten“, drängte der Bürgermeister. „Vielleicht kann er morgen zu mir kommen. Es ist wichtig.“

„Ich kann Ihnen nichts versprechen“, erwiderte Mammi ein wenig ärgerlich. „Mein Mann kommt hierher, um sich zu erholen, und nicht, um Geschäfte zu machen.“

„Aber er wird entzückt sein, er wird begeistert sein. Es ist etwas für ihn sehr Wichtiges, wirklich.“

Mammi sprang auf. „Das Schiff, ich sehe das Schiff!“

Am Horizont kräuselte sich ein Wölkchen und dann tauchte ein winziges Schiffchen auf und wurde langsam größer. Mammi wollte um das Hafenbecken herum zur Landungsbrücke laufen, aber der Bürgermeister hielt sie zurück. „Sie haben noch viel Zeit, Kyria. Das Schiff ankert vor dem Hafen und dann fahren die Boote hin, um die Passagiere und das Gepäck hereinzuholen. Es dauert bestimmt noch eine halbe Stunde. Wir können noch in aller Ruhe unser Geschäft besprechen.“

„Nein, nein, ich habe jetzt keine Ruhe“, rief Mammi. „Komm, Sabine!“

„Vergessen Sie nicht, Kyria, morgen in meinem Amtszimmer!“, rief der Bürgermeister ihr noch nach.

„Ja, ja!“ Mammi lief mit flatternden Röcken davon.

Sie mussten sich noch eine Weile gedulden. Das Schiff ankerte außerhalb des Hafens, weil der Hafen zu flach war. Die Motorboote umkreisten es wie hungrige Bienen den Honigtopf. In einige von ihnen wurden aus dem Gepäckraum Körbe, Kisten und sogar eine lebendige Ziege geladen; die anderen brachten nach und nach die Passagiere an Land. Ein paar Buben standen am Kai und spähten nach Fremden aus, mit denen sie ein Geschäft machen könnten. Spiro stürzte sich auf eine alte Engländerin und fragte sie, ob sie ihr die Schuhe putzen dürfe. Die alte Dame kämpfte noch mit der Seekrankheit. „No“, sagte sie mit grünbleichem Gesicht und wankte auf das Hotel zu. Ein kleiner, zerlumpter Bub nahm ein deutsches Ehepaar aufs Korn und überlegte, wie er sie um ein paar Drachmen für Lukumi erleichtern könnte. Griechische Kinder betteln nicht. Schließlich entdeckte er vor seinen Füßen einen alten Schnürsenkel und hob ihn auf. „Eine Drachme“, rief er strahlend und hielt ihn dem Ehepaar hin.

Aus dem zweiten Boot sprang Vati. Mammi fiel ihm um den Hals. Er schob sie ein Stück von sich fort und musterte sie. „Gut siehst du aus, frisch und erholt!“, sagte er glücklich. Dann betrachtete er seine Tochter. „Wie groß du geworden bist und wie braun! Du siehst wie ein griechischer Fischerjunge aus.“

„Ich kann auch schon beinah so gut tauchen“, erwiderte Sabine stolz.

Sie gingen Arm in Arm zusammen zum Hotel und Sabine vergaß für kurze Zeit ihre Sorgen um Jannis.

Wem kann man glauben?

Am anderen Morgen beim Frühstück fragte Vati: „Und was machen wir nachher? Einen Gang durchs Dorf oder gehen wir baden?“

Mammi blickte nachdenklich. „Da war doch jemand, der dich unbedingt sprechen wollte. Aber ich habe ganz vergessen, wer es war.“

„Der dicke Bürgermeister!“, rief Sabine.

„Sicher wird es nichts Wichtiges sein“, meinte Mammi. „Aber vielleicht ist es besser, du bringst es hinter dich, sonst lässt er dir keine Ruhe.“

So gingen sie zu dritt um das Hafenbecken herum zu dem kleinen weißen Haus, das zum Zeichen seiner Würde eine gewichtige Treppe hatte.

Der Bürgermeister empfing sie mit vielen Verbeugungen. „Ich danke der Kyria, dass sie den Herrn Doktor gleich in mein bescheidenes Haus gebracht hat. Aber Sie werden es nicht bereuen. Der Herr Doktor wird entzückt sein.“

„Und worüber werde ich entzückt sein?“, fragte Vati.

„Darf ich Ihnen zuerst einen Kaffee anbieten?“ Ohne eine Antwort abzuwarten, trat der Bürgermeister vor die Tür und sagte zu Spiro, der dort mit seinem Schuhputzzeug stand: „Lauf und hol von Achill ein Tablett mit drei Kännchen türkischem Kaffee und Lukumi.“

„Wir haben nicht viel Zeit“, wandte Vati ein.

„Oh, Sie werden mich doch nicht kränken. Sie müssen meine Gäste sein!“

Sabine langweilte sich. Es dauerte ihr viel zu lange, bis Spiro mit dem Kaffee kam und die Erwachsenen ihn unter vielen höflichen Redensarten getrunken hatten. Sie hörte nicht zu, was die Eltern und der Bürgermeister miteinander sprachen, sondern dachte an Jannis und wie es ihm wohl gehen mochte.

Endlich stand der Bürgermeister auf und holte aus einem Nebenraum einen in Zeitungspapier gewickelten Gegenstand. Umständlich begann er ihn auf dem Tisch auszupacken. Ein überraschter Ausruf von Vati ließ Sabine herumfahren. Inmitten der zerknüllten Zeitungen lag der schwarze Gott. Sein spöttisches Gesicht lachte und er schien ihr zuzublinzeln.

Vati ergriff die kleine Bronzefigur so vorsichtig, als wäre sie aus Glas, und betrachtete sie andächtig. „Ein Pan", sagte er, „der Gott des Waldes. Wie ist er auf diese waldlose Insel gekommen? Aber wahrscheinlich hat die Insel vor zweitausend Jahren Wälder gehabt. Er ist ein wunderbares Stück, so gut erhalten. Wo haben Sie ihn her?"

Der Bürgermeister zeigte auf ein paar Muscheln, die noch an dem schwarzen Körper hafteten. „Man hat ihn im Meer gefunden und der Finder wird sich glücklich schätzen, wenn der Herr Doktor die Figur in seinem Museum aufstellt. Aber er ist nicht reich. Sicher wird doch ein Finderlohn für ihn abfallen? Er hat die Figur unter großen Schwierigkeiten aus dem Meer geborgen. Da ist er übrigens."

Konstantin betrat den Raum und verbeugte sich lächelnd vor Vati, der ihm herzlich die Hand entgegenstreckte. „Sie haben da ein wunderbares Stück aus dem Meer geholt. Das wird sich das Museum nicht entgehen lassen. Dafür haben Sie einen guten Finderlohn verdient."

„Nein!", rief Sabine. Die Männer wandten sich nach ihr um. Sie hätte gern von Jannis gesprochen und Konstantin die Wahrheit ins Gesicht geschrien. Aber seine glitzernden Augen waren so drohend auf sie gerichtet, dass sie kein Wort hervorbrachte. Die Eltern und der Bürgermeister bemerkten nichts davon, weil sie viel zu sehr mit der Betrachtung der Figur beschäftigt waren. Als Konstantin sich mit höflichem Lächeln den anderen wieder zuwandte, schlüpfte sie hinter seinem Rücken zur Tür hinaus und lief wie gehetzt durch die engen Gassen bergan zu Demetrius' Haus.

Auf einem kleinen Platz vor dem Haus stand ein Brunnen. Mutter Christina zog gerade einen Eimer mit Wasser heraus, der an einem langen Seil hing.

„Ist Jannis zu Haus?", fragte Sabine atemlos.

Christina schüttelte den Kopf. „Nein, mein Seelchen, er bringt die Ziege auf die Weide, aber er wird gleich zurück sein. Setz dich solange zu mir."

Gemeinsam trugen sie den Eimer ins Haus, wo nur die uralte Großmutter saß und spann. Christina setzte sich vor den Webstuhl, aber sie legte die Hände in den Schoß. „Ich mache mir Sorgen um Jannis, mein kleines Herz. Er ist so verändert. Seit gestern ist er wie krank und doch nicht krank. Er isst und trinkt, läuft herum und arbeitet, aber er lacht nicht mehr und spricht kein Wort. Aber warte" – sie sprang auf –, „du bist mein Gast und ich biete dir nichts an!" Gegen Sabines Protest belegte sie ein Brot mit bröckeligem Ziegenkäse und strich dunkelbraunen Inselhonig darauf. Obwohl Sabine diese Speise sehr gern aß, blieben ihr die Bissen fast im Halse stecken.

„Ich weiß nicht, was Jannis so traurig macht", fuhr Christina fort. „Ob er sich sorgt, weil der Kahn entzwei ist? Das ist schlimm, aber Demetrius meint, es würde sich schon Rat finden. Sonst lässt sich Jannis doch nicht so schnell entmutigen." Als sie draußen Schritte hörte, flüsterte sie hastig: „Sag ihm nicht, dass ich mit dir über ihn gesprochen habe."

Jannis betrat den Raum. Als er Sabine sah, blieb er stehen, nahm die Sonnenbrille ab und betrachtete sie aus rot entzündeten Augen. Sein Gesicht war finster und verschlossen.

Sabine sprang auf. „Komm schnell, Jannis, der schwarze Gott!"

Sein Gesicht belebte sich. „Wo ist er?“

„Beim Bürgermeister! Konstantin behauptet, dass er ihn im Meer gefunden hat.“

Eine Blutwelle schoss in Jannis’ blasses Gesicht. Er ballte die Fäuste, drehte sich um und rannte zum Hafen hinunter. Sabine konnte ihm kaum folgen. Wie der Blitz sprang er die Treppe zur Bürgermeisterei hinauf und riss die Tür auf. Dann warf er sich auf Konstantin, sodass der große Mann taumelte.

„Jannis, was fällt dir ein!“, rief der Bürgermeister, während Konstantin versuchte, die an seine Brust hämmernden Fäuste zu packen. Erst als Mammi leise „Jannis!“ rief, ließ der Junge von Konstantin ab. Dann sah er den Gott, der auf dem Tisch lag, und ergriff ihn. „Er gehört mir, ich habe ihn gefunden. Ich will ihn wieder haben!“

Konstantin brach in ein hämisches Gelächter aus. „Der kleine Strolch will wohl den Finderlohn einstecken?“

„Ich will keinen Finderlohn“, schrie Jannis, „ich will den Gott!“

„Mach nicht solch Theater“, sagte Konstantin. „Du willst den Finderlohn haben, um ein neues Boot zu kaufen, weil euer alter Kahn kaputt ist.“

Jannis wandte sich Mammi zu. „Kyria, glauben Sie mir, ich habe den Gott aus dem Meer geholt. Sabine war dabei. Konstantin hat ihn mir gestohlen. Er ist ein Dieb.“

„Ja“, rief Sabine, „ja, es ist wahr!“

Konstantin lächelte. „Das kleine Fräulein hat sich mit dem Burschen angefreundet. Es will ihm helfen, einen neuen Kahn zu bekommen. Das ist sehr nett von dem kleinen Fräulein, aber ich brauche das Geld ebenso nötig wie der Junge.“

Vati sah Sabine an. „Meine Tochter hat mich noch niemals belogen.“

Konstantin zuckte vielsagend mit den Achseln. Der Bürgermeister blickte von einem zum anderen. „Konstantin hat die Figur gebracht“, sagte er, „und Jannis behauptet, er hätte sie ihm gestohlen. Das kleine Fräulein stimmt Jannis bei, aber es ist noch sehr jung und mag den Jungen gern. Wem soll ich nun glauben?“

Sabine wälzte sich in ihrem Bett von einer Seite auf die andere. Sie konnte nicht einschlafen. „Natürlich glaube ich euch“, hatte Vati gesagt, „aber dem Bürgermeister werdet ihr beweisen müssen, dass Jannis den Gott gefunden hat.“

Wie sollten sie das beweisen? Der Kahn konnte ja auch beim Schwammtauchen entzweigegangen sein und in der bunten Decke konnte auch etwas anderes eingewickelt gewesen sein. Wenn Sabine ihrer Mutter schon früher von dem Fund erzählt hätte, wäre Mammi eine gute Zeugin, und noch dazu eine Erwachsene, was ja der Bürgermeister so wichtig zu nehmen schien. Aber Jannis hatte damals gesagt: „Es ist unser großes Geheimnis.“ Und so hatte sie geschwiegen. Wenn sie nur irgendein Zeichen an der Figur angebracht hätten, irgendetwas!

Plötzlich fuhr Sabine im Bett hoch. Die blaue Perle! Jannis hatte sie dem Gott in die halb geöffnete Hand gelegt und sie dort festgebunden. Das war der Beweis. Sabine war so aufgeregt, dass sie es nicht bei sich behalten konnte. Sie zog ihre Pantoffeln an, lief den Flur entlang und öffnete vorsichtig die Tür zu dem Zimmer ihrer Eltern. Mammi schlief schon, aber Vati las noch bei abgedunkelter Nachttischlampe. Sie schlüpfte zu ihm ins Bett und erzählte ihm flüsternd, was ihr eingefallen war.

Vati runzelte nachdenklich die Stirn. „Das ist gut“, sagte er. „Vielleicht kann euch das helfen. Ihr könnt die Perle unmöglich nachträglich angebracht haben. Vielleicht lässt sich der Bürgermeister dadurch überzeugen. Freu dich aber nicht zu früh“, setzte er hinzu, als er sah, wie Sabine aufstrahlte. „Es ist möglich, dass Konstantin die Perle entdeckt und entfernt hat, bevor er die Figur dem Bürgermeister brachte. Geh jetzt schlafen. Morgen gleich nach dem Frühstück gehen wir zum Bürgermeister und sehen, was wir tun können."

Sabine schlief fest und traumlos. Am anderen Morgen war sie früh wach und drängte, dass die Eltern schnell frühstückten. Endlich ging sie mit Vati zusammen um das Hafenbecken herum auf das Bürgermeisterhaus zu. Bei Achill saß an einem kleinen Tischchen Konstantin bei einem Uso und erzählte dem erstaunten Wirt mit lauter Stimme von seinem angeblichen Fund. Er verbeugte sich vor Vati und blickte Sabine spöttisch an. „Und dieser Herr dort will die Figur für das Museum in Athen erwerben", hörten sie ihn sagen. „Für mich wird ein hübscher Finderlohn dabei herausspringen."

Vati stieß die Tür zur Bürgermeisterei auf. „Herr Bürgermeister, meiner Tochter ist etwas eingefallen, was vielleicht beweist, dass Jannis die Figur gefunden hat!"

„So?" Der Bürgermeister blickte zweifelnd.

Sabine erzählte ihm von der blauen Perle. Als sie geendet hatte, erhob er sich schweigend und ging ins Nebenzimmer. Sabines Herz klopfte zum Zerspringen. Nach kurzer Zeit kam er zurück. „Es stimmt, der Gott hält eine Perle in der Hand. Aber woher weiß ich, dass Konstantin sie nicht hineingelegt hat? Vielleicht hat Jannis davon erfahren?"

„Lassen Sie mich mal machen", sagte Vati. Er trat vor die Tür und rief über den Platz: „Herr Konstantin, würden Sie die Freundlichkeit haben, mir noch eine Auskunft über Ihren Fund zu geben?"

„Aber gern!" Konstantin eilte beflissen herbei. Er war jetzt sicher, dass man seinen Fund nicht mehr anzweifelte.

„Der Gott hat wohl früher etwas in der Hand gehalten, eine Pansflöte oder etwas Ähnliches. Sie haben nicht zufällig etwas gefunden? Ich bin etwas enttäuscht, dass die Hand leer ist."

„Leider nein", sagte Konstantin mit einem bedauernden

Schulterzucken. „Aber die Figur hat doch auch ihren Wert, obgleich die Hand leer ist, nicht wahr?“

„Ist sie leer?“, donnerte der Bürgermeister.

„Aber ja“, rief Konstantin, verwirrt durch das zornige Gesicht des dicken Mannes.

„Du bist ein Dieb“, schrie jetzt der Bürgermeister und die Adern an seiner Stirn schwollen gefährlich an, „ein ganz gemeiner Dieb! Verschwinde und lass dich hier nicht wieder sehen!“

Konstantin war blass geworden. Er drückte sich zur Tür hinaus, ohne ein Wort zu sagen.

Sabine und Vati stiegen durch die engen Gässchen bergauf, um Jannis die gute Nachricht zu bringen. In dem halbdunklen Raum saß Christina am Webstuhl. Jannis hockte am Tisch, die Ellbogen aufgestützt und brütete finster vor sich hin. Demetrius stand vor ihm. Er redete mit lebhaften Gesten auf ihn ein. Die Ziege hatte ihren Kopf durch eine Stuhllehne gesteckt und schaute die beiden neugierig an.

„Dir gehört der Finderlohn“, rief Demetrius. „Du musst dem Bürgermeister beweisen, dass du die Figur gefunden hast!“

„Er weiß es schon!“, rief Sabine von der Tür her.

Ganz still wurde es plötzlich in der Stube. Der Webstuhl hörte auf zu klappern. Demetrius, Jannis und die Ziege starrten Sabine und ihren Vater an. Während Sabine dann erzählte, erwachte Demetrius aus seiner Starre und klatschte in die Hände, lachte und rief immer wieder dazwischen: „Das hast du gut gemacht, kleines Fräulein!“

Jannis lächelte. „Dann kann ich den Gott wieder haben“, sagte er leise.

Vati setzte sich zu ihm an den Tisch. „Er gehört dir nicht, Jannis“, sagte er ruhig. „Er gehört dem Staat, und da er sehr kostbar ist, soll er in einem Museum aufgestellt werden, wo ihn viele Menschen bewundern können. Du kannst aber dafür einen Finderlohn beanspruchen."

„Ich will keinen Finderlohn", schrie Jannis und wurde ganz rot, „ich will den Gott!"

Demetrius raufte sich die Haare und hüpfte verzweifelt in der Stube herum. „Bist du verrückt geworden? Du willst keinen Finderlohn, wo wir jede Drachme so dringend brauchen?" Er wandte sich an Vati: „Sagen Sie, Herr Doktor, was kann Jannis für einen Finderlohn beanspruchen?"

Vati überlegte. „Ich kann es Ihnen nicht genau sagen, aber etwa …", und er nannte eine Summe.

Demetrius zog die Luft mit scharfem Zischen ein. Dann rüttelte er seinen Sohn am Arm. „Hast du gehört, du kleiner Idiot? Hast du gehört? Weißt du, was wir mit dem Geld machen können? Wir können uns einen neuen Kahn dafür kaufen. Nein, keinen Ruderkahn, sondern ein Segelboot."

„Warum nicht gleich einen Dampfer?", fragte Jannis spöttisch. Aber in seinen Augen erschien schon ein lustiges Zwinkern.

„Wart nur ab, wart ab, mein Söhnchen!", rief Demetrius. „Bei Niko unten am Hafen liegt ein Segelboot zum Verkauf. Es hat Panagiotis gehört, der nach Athen gegangen ist, weil er dort das Geschäft seines Bruders geerbt hat."

„Es wird uralt und morsch sein", sagte Jannis brummig. Aber Sabine merkte, dass hinter seiner Brummigkeit eine Freude aufzuwachen begann.

„Es ist nicht morsch!", schrie Demetrius. „Das Holz ist gesund, die Segel sind heil und es hat Lampen, sodass man auch nachts damit fahren kann. Es ist ein schönes Boot, ein wunderbares Boot! Wir brauchen nicht mehr Schwämme zu suchen. Wir können fischen gehen, wir beide, du und ich, denn zum Fischen bin ich noch zu gebrauchen. Wir werden viele, viele Fische aus dem Meer holen und reich werden."

Jannis schlug seinem Vater lachend auf die Schultern. „Ach, du alter Aufschneider, komm, wir gehen zum Hafen und schauen uns das Boot an. Aber bewundere es nicht zu sehr. Wir müssen handeln, sonst haut uns der Niko übers Ohr."

Zur Tür hinaus liefen sie. Ihre Schritte hallten in den Gassen. Christina saß mit gefalteten Händen vor dem Webstuhl. „Was für ein Glück, was für ein großes Glück!", sagte sie leise. „Jannis wird nicht mehr nach Schwämmen tauchen. Ich habe immer so große Angst um ihn gehabt, denn das Tauchen ist gefährlich. Ich werde meinen schönen Sohn behalten dürfen." Plötzlich stand sie auf. „Verzeiht, wir sind alle unhöflich, aber das Glück hat uns ganz wirr gemacht. Setzt euch und lasst euch bewirten."

Vati schüttelte lächelnd den Kopf. „Sabines Mutter wartet auf uns." Als sich Sabine an der Tür noch einmal umwandte, sah sie, dass Mutter Christina im Hintergrund des Raumes vor der Ikone niederkniete.

An diesem Tag zeigte Sabine ihrem Vati alle ihre Lieblingsplätze auf der Insel und auch den Tomatengarten und den Taubenschlag und sie erzählte, wie der kleine Gott unter der Seekiefer gestanden und wie Jannis ihm auf der Flöte vorgespielt hatte. Am Nachmittag, als sie mit Mammi zusammen vor Achills Laden türkischen Kaffee tranken, sahen sie Demetrius. Er saß in einer Gruppe von Fischern auf dem Kai und flickte ein Netz. Eine große Zehe hatte er in ein Loch gesteckt und zog das Netz mit der linken Hand straff, während er mit der rechten die breite Nadel führte. Er redete und redete. „Es ist ein schönes Boot, ein gutes Boot, und mein Sohn hat es sich wohl verdient."

Abschied von der Insel

In den letzten Tagen vor ihrer Abfahrt sah Sabine nicht mehr viel von Jannis. Sie war ein wenig traurig darüber. Aber weil Vati da war, hatte sie doch wieder einen Kameraden, mit dem sie schwimmen und im Land umherstreifen konnte. Manchmal besuchten sie Jannis auf der Bootswerft. Er besserte mit Niko zusammen kleine Schäden an dem Boot aus und strich es schließlich mit einer leuchtend gelben Farbe an. Jannis war fröhlich bei der Arbeit, aber nicht in der verspielten, übermütigen Art, in der er sonst alles machte. Er war kein Kind mehr, sondern ein junger Mann, der eine wichtige Arbeit verrichtete.

Einen Tag bevor Sabine mit ihren Eltern die Insel verlassen wollte, erschien er im Hotel. „Das Boot ist fertig", sagte er stolz. „Morgen werde ich es dir zeigen. Es ist ein gutes Boot, haltbar und seetüchtig und sehr schön." Seine Augen glänzten. Er zog ein Päckchen aus der Tasche und reichte es Sabine ein wenig schüchtern. Dann unterhielt er sich mit Vati über das Boot und das Fischen. Nach dem schwarzen Gott fragte er nicht mehr. Er schien ihn vergessen zu haben. Erst als er gegangen war, öffnete Sabine das Päckchen. Die kleine Bambusflöte lag darin, mit der Jannis den Delfin locken wollte, und neben der Flöte die Schnur mit der blauen Perle.

Am anderen Morgen standen sie an der Reling[4] des Dampfers, der sie nach Athen bringen sollte. Es wurden noch Waren eingeladen und so hatten sie Zeit, zurück zur Insel zu blicken und ihren Freunden zuzuwinken. Das Dörfchen schmiegte sich schneeweiß an den grauen Fels. Die spitzen Glockengiebel der vielen kleinen Kirchen wirkten wie lustig erhobene Finger. Oben auf dem Hügel drehten sich die drei Windmühlen. Der Wind blies ihre Segeltuch-

---

[4] Schiffsgeländer

flügel auf. Im Hafen schwankten die bunten Fischerboote und die Wirtin des Hotels, Achill und die braunen Buben winkten.

Nur Jannis war nicht da. Sabine war traurig. Er hatte ihr sein Boot zeigen wollen, aber er war nicht gekommen. Sie trug die Schnur mit der blauen Perle um den Hals. In der linken Rocktasche krabbelte Amanda, die Schildkröte, und in der rechten steckte die Flöte. Unter der Bank, auf der sie kniete, stand die kleine Kiste mit dem schwarzen Gott. Sie stand dort neben einigen von Christinas Teppichen, die Vati einem Händler in Athen zum Verkauf anbieten wollte. Christina sollte ihm noch mehr schicken.

Ein Zittern durchlief den Dampfer. Er tutete dumpf und schmerzlich auf. Da plötzlich schoss ein kleines, gelbes Boot herbei. Es leuchtete hell in der Sonne. Um seinen Rand lief ein breiter, grüner Streifen und vorn am Bug stand mit schwarzen Buchstaben „Delfin“. Im Heck saß Spiro, der Schuhputzerjunge, und am Mast stand Jannis. Er trug die verwaschenen braunen Hosen und das rote Hemd und hatte die Sonnenbrille auf. Sein weißblondes Haar flatterte im Wind. Er winkte mit einer großen feierlichen Bewegung. Als der Dampfer losfuhr, wendete das Boot; der Wind griff in die Segel und trieb es vor sich her in das leuchtend blaue Meer hinaus. Leicht und anmutig tanzte es dahin.

Materialien

1. Ein Gespräch mit der Autorin

Es ist ein schöner, wenn auch noch recht kühler Frühlingstag. Nach etwa einstündiger Fahrt quer durch Westberlin erreiche ich den Westberliner Ortsteil Nikolassee der zweigeteilten Stadt. In einer stillen Straße mit niedrigen, meist hinter Büschen und Bäumen versteckten Häusern finde ich mein Ziel: das Haus von Frau Kleberger, mit der ich zu einem Gespräch verabredet bin. Durch den Vorgarten führt ein schmaler Weg zum Häuschen hinauf, an dessen Eingang mich die Autorin empfängt.

Wir sitzen uns in dem großen Zimmer gegenüber, in den Tassen dampft der Tee, Kekse laden zum Knabbern ein. Mein Notizblock liegt vor mir, die Fragen stehen fest. Bald legt sich die anfängliche Scheu und es beginnt eine gemütliche Teeplauderstunde, in deren Verlauf ich das Mitschreiben fast vergesse, fasziniert von dem Plauderton, in dem Frau Kleberger über ihre Arbeit, ihr Leben und ihr Anliegen berichtet. So entstand mehr ein Gedächtnisprotokoll als eine wörtlich wiedergegebene Befragung.

B.: *Frau Kleberger, Sie sind Ärztin. Wie kamen Sie zur Schriftstellerei, besser noch: Wie wurden Sie Jugendschriftstellerin?*
K.: Eigentlich wollte ich immer schon Schriftstellerin werden. Mit sieben Jahren fing ich an zu schreiben und mit zwölf erhielt ich beim Berliner Rundfunk einen Preis. Als ich dann 1939 mein Abitur ablegte, war ein freier Journalismus ohne politische Betätigung, wie ich ihn mir wünschte, nicht mehr möglich. So studierte ich dann Medizin. Mein Arztstudium war, wenn Sie so wollen, eine Notlösung.
B.: *Aber den Gedanken, schriftstellerisch tätig zu werden, haben Sie trotzdem nie aufgegeben?*

K.: Nein, sicher nicht. Doch muss ich sagen, dass ich sehr gern Ärztin war. Im Jahre 1950 machte ich hier in Nikolassee eine Arztpraxis für Allgemeinmedizin auf, die ich 28 Jahre lang geführt habe, gern geführt habe.

B.: *Neben Ihrer Praxis fanden Sie dann noch Zeit, Jugendbücher zu schreiben?*

K.: Ja, allerdings hatte ich nicht gleich den erwarteten Erfolg. Mein erstes Kinderbuch, „Wolfgang mit dem Regenschirm", habe ich an sieben deutsche Verlage geschickt – ohne jeden Erfolg. Der Rascher-Verlag in Zürich war es dann, der mein Manuskript zur Veröffentlichung übernahm.

B.: *Wann war das?*

K.: Das war im Jahre 1961. Das Buch ist heute nicht mehr greifbar. Im gleichen Jahr erschien dann bei Erika Klopp in Berlin „Mit dem Leierkasten durch Berlin".

B.: *Wie viele Bücher sind bisher von Ihnen erschienen?*

K.: Ich glaube, es sind insgesamt 24 Bücher, Kinder- und Erwachsenen-Bücher. Daneben erschienen Kurzgeschichten und Reiseberichte.

B.: *Ihr größter Erfolg waren sicherlich die „Oma-Bücher"?*

K.: Ja, das erste „Oma-Buch" erscheint seit 1964 in immer neuen Auflagen. Dieses und die Fortsetzungsbände sind in mehrere Sprachen übersetzt worden. Nach den ersten Bänden bin ich immer wieder gebeten worden, Fortsetzungen zu schreiben. So gibt es inzwischen vier „Oma-Bände". Man muss da schon sehr aufpassen, dass man sich nicht wiederholt.

B.: *Im „Lexikon der Kinder- und Jugendliteratur" finde ich als Briefzitat von Ihnen die Formulierung, Sie schrieben „aus Lust am Fabulieren ..., um mit Hilfe der Fantasie in ein besseres Leben zu entfliehen, um ein Zipfelchen Erkenntnis zu fixieren". Ist es wirklich so, dass Sie nur das Fabulieren, die Freude am Schreiben fasziniert?*

K.: Ganz sicher nicht. Mir liegt, und da denke ich z. B. an

„Jannis der Schwammtaucher", auch daran, Brücken zu bauen zwischen den Völkern, besonders zwischen den Kindern und Jugendlichen verschiedener Kulturkreise und Rassen, aber auch zwischen Jung und Alt.

B.: *Bleiben wir doch einmal bei „Jannis". Immer wieder werde ich gefragt, ob diese Geschichte auf Tatsachen beruht.*

K.: Wir sind oft in Griechenland gewesen, wo wir diese Schwammtaucher kennen gelernt haben und auch einen Albino. Das Leben spielt sich auf den Inseln so ab, wie ich es beschrieben habe. Die aus der Tiefe des Meeres heraufgeholten Schwämme werden dann auf den Märkten verkauft. Einiges, insbesondere die kleine Kriminalgeschichte, ist natürlich dichterische Freiheit.

Griechischer Schwammverkäufer

B.: *Und wie ist es mit der kostbaren Figur, die Jannis aus der Tiefe heraushol?*

K.: Solche Statuen werden tatsächlich im Meer gefunden.

B.: *Hat die blaue Farbe wirklich diese Bedeutung?*

K.: Ja, und der damit verbundene Aberglaube ist für die Menschen dort Realität. Sie leben mit ihm und richten ihr Denken und Handeln danach aus.

B.: *Also existiert die Insel wirklich?*

K.: Aber natürlich! Es ist die Insel Mykonos. Allerdings ist diese Insel heute nicht mehr jenes still verträumte Eiland, wie wir es damals kennen lernten. Heute ist daraus eine Hippie-Insel geworden. Eigentlich schade!

B.: *Warum endet Ihr Buch eigentlich nicht damit, dass Jannis seine Insel verlässt und eine rosigere Zukunft ansteuert, indem er z. B. mit seiner deutschen Freundin in die Bundesrepublik geht?*

K.: Das wäre kaum möglich gewesen. Wir sollten auch nicht so überheblich sein, zu glauben, dass nur unsere Lebensart, unser Wohlstand für alle Menschen gleichermaßen das Erstrebenswerte ist. Meine Bücher sollen den jungen Menschen zeigen, dass man in anderen Kulturkreisen anders lebt. Wir müssen den anderen Menschen kennen lernen und uns bemühen, ihn in seinem Anderssein zu akzeptieren – auch dann, wenn wir ihn nicht immer verstehen können.

B.: *Bei dieser Bemerkung fällt mir Ihre Kurzgeschichte „Wenn Sen mit Axel sprechen könnte" ein, die 1975 im 2. Gelberg-Jahrbuch erschienen ist und das gleiche Thema variiert.*

K.: Diesem Thema ist schließlich auch meine Anthologie[1] „Wirf mir den Ball zurück, Mitura!" gewidmet.

B.: *Frau Kleberger, seit etwa drei Jahren schreiben Sie nur noch. Im letzten Jahr sind zwei Bücher von Ihnen veröffent-*

---

[1] Sammlung, Auswahl von Texten

licht worden, die von Ihren übrigen Kinder- und Jugendbüchern abstechen. Ich meine die beiden Biografien über Käthe Kollwitz[2] und Adolph Menzel[3]. An wen wenden Sie sich damit?

K.: Auch hier sollen wieder Brücken gebaut werden, Brücken zwischen der Vergangenheit und der Gegenwart. Ich will Verständnis erwecken für die Großen einer vergangenen Epoche, die noch in unsere Zeit hineinwirkt. Mir lag daran, diese Künstler unserer Jugend nahe zu bringen.

B.: *Sie sagten einmal bei einer Lesung vor Grundschulkindern, dass Kinder, die glauben, schreiben zu müssen, Ihnen ihre Erzeugnisse schicken sollten. Gilt das heute auch noch?*

K.: Selbstverständlich! Ich freue mich über jedes literarische Erzeugnis von Kindern und Jugendlichen, das mir zugeht.

B.: *Dann darf ich also diese Bitte an unsere Leser weitergeben und auch Ihre Anschrift?*

K.: Selbstverständlich.

B.: Für dieses Gespräch danke ich Ihnen vielmals. Und hier die Anschrift:

Dr. Ilse Kleberger, Cimbernstraße 16, 14129 Berlin.

---

[2] Käthe Kollwitz, deutsche Malerin und Grafikerin, geb. 1867 in Königsberg, gest. 1945 in Moritzburg bei Dresden, zeigt in ihren Arbeiten vor allem das Leben der Armen

[3] Adolph v. Menzel, deutscher Maler und Grafiker, geb. 1815 in Berlin, gest. 1905 in Berlin. Sein Hauptwerk: Bilder zur Illustration der Geschichte Friedrichs II.

2. Sachinformationen

Aberglaube

Aberglaube, der; -ns: *als irrig angesehener Glaube, dass überirdische Kräfte in bestimmten Menschen und Dingen wirksam sind:* es ist ein A., dass dreizehn eine Unglückszahl ist.

Schülerduden, Mannheim/Wien/Zürich (Bibliographisches Institut) 1970

[...] Zu allen Zeiten (auch heute) ist Aberglaube in vielen Formen verbreitet: als Glaube an Fabelwesen, Geister, zauberhafte Kräfte und Vorgänge, als Glaube an die Erforschbarkeit der Zukunft; auch das Orakelwesen und die Geheimwissenschaften gehören hierher. [...]

Der große Brockhaus in 12 Bänden, 18. Auflage, Wiesbaden (F. A. Brockhaus) 1977

Das seit dem 15. Jahrhundert im deutschen Sprachgebrauch belegte Wort wurde von der christlichen Kirche geprägt als Bezeichnung einer religiösen Haltung, die über die kirchliche Lehre hinaus oder im Gegensatz zu ihr an ein Walten geheimer Naturmächte und Kräfte glaubt. [...]

Mehr Menschen, als allgemein bekannt, lassen sich von Hellsehern, Astrologen, Pendlern und Rutengängern beraten und behandeln. Maskottchen[4] und Unglückstage bedeuten vielen Menschen mehr, als sie offen zuzugeben bereit sind.

Enzyklopädie 2000, Stuttgart (Wissen-Verlag) 1972 – gekürzt

Böser Blick

[...] den bösen Blick haben: (nach altem Aberglauben) durch bloßes Anschauen verzaubern können. [...]

Wahrig: Das große Deutsche Wörterbuch, Gütersloh (Verlag für Wissen und Bildung) 1968

---

[4] (franz.) glückbringender Talismann, Anhänger; Puppe u. a.

Taucher-(Druckluft-)Krankheit

Pressluftkrankheit, Caissonkrankheit, Taucherkrankheit. Taucher und Arbeiter, die in Senkkästen („Caissons“), Schächten, Tunnels, Taucherglocken usw. unter Wasser Arbeiten ausführen, stehen durch die über ihnen lastende Wassersäule unter erhöhtem Druck. Dadurch werden vermehrt Gase in den Geweben gebunden. Der Sauerstoff wird verbraucht, während der Stickstoff in den Geweben physikalisch gebunden ist. Bei rascher Druckentlastung wird er frei und erscheint in Form von Gasbläschen im Blut, in Geweben und Gelenken. Verstopfung der Blutgefäße durch Luftembolie, Störungen des Nervensystems, Lähmungen, unklare, schmerzhafte Spannungen u. a. können die Folge sein. Um der Druckluftkrankheit vorzubeugen, muss der Druck langsam in Stufen entlastet werden, damit der allmählich frei werdende Stickstoff durch die Lungen entweichen kann.

Der große Brockhaus, 16. Auflage, Wiesbaden (F. A. Brockhaus) 1953

Schwämme

Schwamm [–], der; -[e]s, Schwämme ['ʃvɛmə; mhd., ahd. swamm, swamp]: **1.** *in zahlreichen Arten bes. im Meer lebendes, auf dem Grund festsitzendes, oft große Kolonien bildendes, niederes Tier von sehr einfachem Aufbau, dessen Körper Hohlräume umschließt, in die durch viele Poren die Nahrung einströmt:* nach Schwämmen *aus dem feinfaserigen Skelett eines bestimmten Schwammes* (1) *od. aus einem künstlich hergestellten porigen Material bestehender, weicher, elastischer Gegenstand von großer Saugfähigkeit, der bes. zum Waschen u. Reinigen verwendet wird.*

Duden – Das große Wörterbuch der deutschen Sprache in sechs Bänden, Mannheim/Wien/Zürich (Bibliographisches Institut) 1980

[…] Wirtschaftliche Bedeutung hat allein der Badeschwamm (Euspongia officinalis), der gespießt oder ertaucht wird. Nach Entfernung der Weichteile durch Faulenlassen und Kneten dient sein saugfähiges Sponginskelett zum Reinigen.

Enzyklopädie 2000, Stuttgart (Wissen-Verlag) 1972 – gekürzt

Die Badeschwämme haben ein feines, faserigmaschiges Skelett, das wegen seiner Elastizität, Weichheit und Saugfähigkeit als Reinigungsmittel dient; […] Badeschwämme werden aus 2–200 m Tiefe mit Geräten, Schleppnetzen oder durch Taucher geholt.

Der große Brockhaus in zwölf Bänden, 18. Auflage, Wiesbaden (F. A. Brockhaus) 1980

3. Mykonos – Das Leben auf einer griechischen Insel

Bevor wir als Touristen nach Griechenland kommen, holen wir uns meist Auskünfte aus Prospekten und Reiseführern. Da werden malerisch gelegene Strand- und Schwimmbäder, komfortable Tennisplätze und Restaurants, landschaftlich reizvoll gelegene Ausflugsziele genannt und alles, was man über das „shopping“ wissen sollte. Über das wirkliche Leben der Griechen und seine Bedingungen erfährt man allerdings meistens wenig.

So enthalten auch die Texte in diesem Kapitel sehr unterschiedliche Informationen über die Insel Mykonos. Sie sollen zum Nachdenken anregen, was häufig über Griechenland geschrieben und was verschwiegen wird.

Griechenland und die griechischen Inseln

Landschaft und Menschen

Die Inselwelt der Ägäis beginnt im Norden mit dem waldreichen Thasos und endet mit Rhodos im Südosten. [...]

Die größeren Inseln sind durch regelmäßige Schiffslinien leidlich verbunden, die von Athen ausstrahlen; aber die Mehrzahl der Inseln ist auf den spärlichen Verkehr der kuttergroßen Transportschiffchen gestellt. Deshalb sind Schiffe und Schiffchen Lebensspender, Mittler, Boten der großen Welt – ihr Eintreffen, ihr Auslaufen zieht die Menschen an, ob es Nacht oder Tag ist. Die kleinen Inseln rufen den Vergleich mit sehr entfernten Sternen im Kosmos auf. Mag auch oft an die Stelle des Segels oder zu diesem ein kleiner Motor gekommen sein – der Lebensrhythmus der Inseln ist im Grunde nicht sehr verschieden von dem, der zu Zeiten des Odysseus galt. Isoliert (Isola – die Insel) lebend, wächst die Insel für ihre Bewohner zur Welt an. Eine Tagesreise übers Meer wird zum Unternehmen. [...]

Die gesellschaftliche Ordnung des Landes lässt wenige Reiche zu – man kennt ihre Namen und Allüren – und zwingt viele kleine Leute, sich mit wenigem zu begnügen. In den Städten trifft man darum auf ein „soziales Elend", das sich auf dem Lande oder den Inseln durchaus nicht elend ausnimmt. Die Härte und der elementare Charakter des Landes widerstehen „bürgerlichem" Wohlstand und der Industrialisierung sind natürliche Grenzen gesetzt. Es gibt in einsamen Landstrichen – im Gebirge, an manchen Küstenstrecken, auf Inseln – Zeugen einer Armut, die das Wort „sozial" sicher nicht kennen oder nicht verstehen, weil sie, abseits von der Gesellschaft lebend, andere, uralte Maßstäbe haben.

Die Griechen sind höflich, gefällig, geschickt – aus Instinkt. Wenn der aufkommende Tourismus ihnen in größerem Stil Berechnung anerzieht, wird man größere Strapazen als heute auf sich nehmen müssen, um auf das Urtümliche von Land und Leuten zu stoßen. Aber die geografische Beschaffenheit des Landes bürgt dafür, dass immer ein Rest unberührten Griechenlands bleiben wird.

Rudolf Hagelstange: Ins Meer geschleudert, in: Ägäische Inselwelt, Hamburg (Hoffmann & Campe) 1961, Merian-Heft 11/XIV, S. 3 f.

Die Wohnung

[…]

Am Vorabend von Himmelfahrt machte ich einen Besuch im Hause des Tischlers, der zur Verwandtschaft des Spiro gehörte. […]

Arm war es drinnen. Es war doch schon recht nah am Zelt. Man sah keine Möbel. An den Wänden Truhen, beschlagene Koffer. Koffer sind immer der Stolz von reisigen[5] Menschen. Hier waren sie sesshaft, aber es blieb etwas von Gast- und Wanderschaft in dieser Welt.

Der einzige Raum, den das Haus besaß, hatte eine niedrige Bühne. Dies ist das Sofa, so nennen sie es, Schlafplatz für alle und Sitzplatz und Schauplatz des Lebens im Haus. Hart war es auch dort, hart wie am Boden, aber es lagen ein paar Decken und Kissen auf dem Dielenholz, im Winkel brannte das Öllicht. Sonst waren da Familienbilder und schlechte Bilddrucke aus dem Abendland. Hier saß Maria, die junge Frau, die sechzehnjährig ein Kind trug, hier der junge Tischler, ihr Mann, und die beiden Brüder Marias, deren einer den Kopf auf dem Schoße Marias hatte. […]

Erhart Kästner: Griechische Inseln, Frankfurt (Insel Verlag) 1975, S. 95 f.

---

[5] altertümlich für „viel reisend“

Schwammtaucher – ein gefährlicher Beruf

[…]
Mit den Eselkärrnern hatte ich gleich ein gutes Gespräch. Der Vater war fünfundachtzig Jahre alt, vierzig davon war er Schwammfischer gewesen bei Kreta und an der libyschen Küste. Der schwere Beruf hatte sein Gesicht gezeichnet, es war ziemlich zerstört, sah bleigrau aus, und kleine rotschwimmende Augen waren wie Wunden. Die Haut war voller Risse und alteingerissener Furchen. Bis in Meerestiefen von dreißig Metern müsse man tauchen, erzählte der Sohn, einen sechzig Kilogramm schweren Mühlstein im Arm, der an einem Seil hängt. Der Mensch saust mit ihm in die Tiefe, erträgt den furchtbaren Druck der Wassersäule, die über ihm steht und erreicht so den Grund; aufwärts geht es ohne den Stein. So erzählt der Junge, den Alten konnte ich nicht verstehn. […]

Erhart Kästner: Griechische Inseln, Frankfurt (Insel Verlag) 1975, S. 110 f.

„Handeln" als Wettkampf

Mal sehen, was die hier verkaufen. Viel Unhübsches, Unnützes. Aber dann sehe ich zwei kleine archaische Figürchen, sehr schöne Abgüsse, ich bin ganz begeistert und bezahle sie. Der Händler stutzt – und schon merke ich, dass ich einen Fehler gemacht habe. Ich habe das Spiel nicht mitgespielt. Das Spiel, zu zeigen, wer der Zähere ist.

Wer den griechischen Händler, ob hier oder in Athen, als Wucherer oder Betrüger bezeichnet, tut ihm unrecht. Er will sein Geld im Wettkampf verdienen. Sein Wettkampf heißt „handeln". Wer hat das bessere Argument, die größere Ausdauer? Und wer geht schließlich als Sieger hervor? […]

Christine Dietrich: Ein Sommertag in Olympia, in: ärztliches Reise & Kultur journal, Werne (Lemke VerlagsgmbH) 1980

„Von Kunstschätzen kann man nicht abbeißen“

[…]

Dann sitzen wir draußen im Schatten uralter Olivenbäume. […] Ein Bauer treibt seinen Esel die Gasse hinauf und hält an, als er den Popen[6] sieht. Vom hoch bepackten Rücken des Grautiers nimmt er einen Arm voll Salat, Gurken und anderes Gemüse, steigt zu uns empor und legt es vor dem Popen auf den Tisch. „Die landesübliche Kirchensteuer“, erläutert der Priester. „Die Kirche und ihre Klöster sind zwar unermesslich reich, aber von Kunstschätzen kann man nicht abbeißen. Wir Geistlichen auf dem Lande leben von dem, was uns die Bevölkerung bringt.“

So unauffällig und volksnah sich die Kirche auf den Inseln gibt, so wenig findet auch der Staat statt. Seine Präsenz beschränkt sich häufig auf einen Polizisten, einen Lehrer, einen Hafenkommandanten. „Die Insel ist der Ort der kleinen Zahl“, schreibt der deutsch-griechische Schriftsteller Johannes Gaitanides, „oft hat sie nur ein Dorf, eine Taverne[7], ein Kafenion[8], und dort ist man einander unausweichlich; das macht tolerant.“

[…]

Rolf Bökemeier: Der geplünderte Archipel, in: GEO Nr. 4/1977, Hamburg (Gruner und Jahr)

Mit den Fremden leben

In Mykonos, wohin man seit einiger Zeit, den Wünschen der vielen Besucher entsprechend, von Rhodos aus eine Schiffsverbindung eingerichtet hat, fand man eine andere Lösung, um mit dem Besucherstrom fertig zu werden: nicht die kompromisslose Trennung der Welten wie in Rhodos – dieser kleine Ort bringt es fertig, die Mengen der Touristen

[6] griechischer Geistlicher
[7] Wirtschaft
[8] griechisches Kaffeehaus

Gässchen auf Mykonos

zu absorbieren[9] und zu assimilieren[10], ohne in seinem Wesen schlimmen Schaden zu nehmen, und darin liegt sein eigentümlicher Reiz.

[9] aufsaugen
[10] angleichen

Die Einheimischen leben nicht nur von, sondern auch mit den Fremden; mögen sie auch ohne Grund ihre Windmühlen in Gang setzen, sobald sich ein Schiff nähert – die Frauen nehmen demonstrativ vor den verwinkelten, weißen Häuschen Platz und spinnen und weben auf altertümlichen Geräten volkstümlich-künstlerische Muster, die Männer mühen sich, ein Dutzend, scheinbar vergeblich, ein buntes Schiff ans seichte Hafenufer zu ziehen, und bieten den Ankömmlingen ein pittoreskes[11], fotografierwürdiges Bild interessanten Eingeborenenlebens. Sie tun dies alles nicht aus Berechnung, sondern aus einer ungemein starken und kindlichen Freude am Spiel. Und sie nehmen den Fremden, der länger bleibt als die zwei bis drei Stunden der Gesellschaftsrundreisenden, in das Leben der Insel auf, sitzen mit ihm in der gleichen Taverne, treiben ihre gemüsebeladenen Esel ungeniert durch die Stuhlreihen vor den Kaffeehäusern und leben ohne Scheu ihr eigenes Leben weiter.

Der Gast lässt sich gern aufnehmen, er fühlt sich bald wie zu Hause, er kennt die Originale dieses Gemeinwesens.

Ägäische Inselwelt, Hamburg (Hoffmann & Campe) 1961, Merian-Heft 11/XIV, S. 90

Und so steht es im Reiseführer …

MIKONOS[12]

Míkonos (ΜΥΚΟΝΟΣ; 88 qkm; 3700 Einw.) ist mit seinen vielen Windmühlen (von denen einige noch in Betrieb sind), seinen Taubentürmen und den schneeweißen kubischen[13] Häusern eine der meistbesuchten griechischen Inseln mit internationaler Atmosphäre. Sie besteht überwiegend aus Granit und Gneis, ist felsig und nicht sehr fruchtbar, dank des starken Fremdenverkehrs und der Ausfuhr von Webwaren aber nicht arm.

[…]

[11] (franz.) malerisch

[12] ursprüngl. Mykonos

[13] würfelförmig

Míkonos (2700 Einw.), der höchst malerische Hauptort der Insel, ist ein lebhaftes Touristenzentrum und als Ferienziel besonders bei Künstlern aus aller Welt beliebt. Hier ist auch eine Niederlassung der Athener Akademie der Künste. In Míkonos werden hübsche Webwaren und Stickereien sowie Modeschmuck angefertigt und verkauft.

Die Stadt besitzt etwa 365 Kirchlein, meist Votivkapellen von aus Seenot geretteten Seeleuten. Am auffallendsten ist durch ihre eigenwillige Architektur die Kirche *Paraportianí* (17. Jh.), die westlich vom Hafen nahe dem Meer steht. Am westlichen Hafenkai erhebt sich das Rathaus (17. Jh.; schöne Arkaden) und in seiner Nähe ein Wohnhaus mit einem Privatmuseum.

[...]

Die besten Badestrände sind die bei *Megáli Ammos* (1 km), die an der *Korfos-* und an der *Ornosbucht* (4 km) sowie der von *Platis Gialós* (6 km) im Süden der Stadt und der bei *Ágios Stéfanos* (3 km) im Norden.

[...]

Der Große Polyglott-Reiseführer: Griechenland, München (Polyglott Verlag) 1974, S. 274. Mit freundlicher Genehmigung des Verlages.

Kirche Paraportianí auf Mykonos

4. Andere Länder – andere Sitten

Ursula Wölfel: Sitten

Eine Frau hatte ihre Kolleginnen und Kollegen zum Geburtstag eingeladen. Gleich sollten die Gäste kommen. Die Frau zog gerade ihr gutes Kleid an und der Mann räumte schnell noch die Küche auf.

Da kam der Junge vom Spielen. „Kriege ich ein Stück Kuchen?“, fragte er.

„Später“, sagte der Vater.

Jetzt kam die Mutter in die Küche. „Zieh dich schnell um, Junge!“, sagte sie. „Und gib nachher jedem ordentlich die Hand. Und rede nicht immer dazwischen. Und iss ordentlich und halte die Hand vor den Mund, wenn du gähnen musst.“

„Was noch?“, fragte der Junge. Er grinste und der Vater zwinkerte ihm zu.

Die Mutter lachte. „Frecher Kerl!“, sagte sie. „Hör zu: Dass du mir nicht wieder die arme Frau Meier so anstarrst, nur weil sie dick ist! Und auf keinen Fall darfst du mit mir flüstern, wie neulich, das tut man nicht. Man zeigt auch nicht mit dem Finger auf die Leute.“

„Ja, aber –“, sagte der Junge.

„Was, aber?“, fragte die Mutter.

„WARUM SOLL MAN IMMER TUN, WAS ALLE TUN?“, fragte der Junge.

„Zum Kuckuck!“, rief die Mutter. „Jetzt habe ich doch keine Zeit für solche Fragen!“

„Man tut das eben“, sagte der Vater. „Weil es so Sitte ist.“

Was „man“ tut oder nicht tut, das sind Sitten oder Umgangsformen oder alte Gewohnheiten. Die Sitten und Umgangsformen haben etwas mit den Beziehungen der Menschen zueinander zu tun. Viele sind leicht zu verstehen. Sie drücken die Achtung vor dem anderen Menschen aus.

Wenn einer auffallend aussieht, hat er es natürlich nicht gern, wenn man ihn anstarrt oder sogar auslacht. Wer das tut, hat keinen „Takt“, er ist „taktlos“, das heißt: Er hat kein Gefühl für das Richtige. Es ist ihm nicht wichtig, dass sein Benehmen dem anderen vielleicht unangenehm ist oder ihm sogar wehtut.

Wenn zwei miteinander flüstern und andere sind dabei, dann ist das auch taktlos. Die anderen müssen dann das Gefühl haben, als gehörten sie nicht dazu oder als redeten die beiden über sie.

Niemand hat es gern, wenn man ihn beim Sprechen unterbricht. Wer im Gespräch einfach dazwischenredet, ist „rücksichtslos“. Er nimmt keine Rücksicht darauf, dass der andere noch etwas sagen möchte.

Es gibt aber auch viele Sitten, die nicht so leicht zu verstehen sind, und doch befolgen wir sie jeden Tag. Sie geben dem Umgang der Menschen miteinander eine feste, geregelte Form.

Die meisten Umgangsformen sind vor sehr langer Zeit entstanden. In Jahrhunderten haben sie sich so verändert, dass man oft nicht mehr erkennt, was sie früher einmal bedeutet haben. Im Lauf der Zeit sind sie immer einfacher geworden, von der ersten Form sind nur noch Reste übriggeblieben.

Wenn wir uns begrüßen, geben wir uns die Hand. Das kommt uns ganz selbstverständlich vor. Aber warum eigentlich? Wir könnten doch auch die Nasen aneinander reiben wie die Eskimos oder den Zeigefinger an die Nasenspitze legen wie die Leute in Neuseeland oder uns umarmen und links und rechts mit den Wangen berühren oder küssen, wie es in vielen Ländern Sitte ist.

Das Händeschütteln ist der Rest einer sehr alten Begrüßungsform. Es stammt noch aus der frühen Zeit der Menschen, als alle Männer immer Waffen bei sich trugen. Wenn zwei sich begegneten, wussten sie nicht, ob der andere Freund oder Feind war. Wer als Freund kam, legte seine Waffen auf die Erde oder er zeigte dem anderen seine offenen Hände. Schließlich reichte man sich die Hände hin, damit der andere deutlich fühlte, dass man friedlich mit ihm sprechen wollte.

Manchmal machen Männer eine Verbeugung und Jungen sollen einen „Diener" machen und Mädchen einen „Knicks".

In alten Zeiten mussten Sklaven sich vor ihrem Herrn auf die Erde werfen. Auch wer im Kampf besiegt war, tat das. Er „unterwarf" sich. Später wurde daraus der Kniefall. Er bedeutete nicht mehr Unterwerfung, sondern Verehrung. Zum Beispiel kniete der Knappe, der „Ritterlehrling", vor dem Ritter und in der Kirche kniete man, weil man Gott verehrte. Aus dem Kniefall wurden dann die Verbeugung und der Knicks. Jetzt nickt man meistens nur noch mit dem Kopf.

Das Hutabnehmen bei den Männern stammt wahrscheinlich aus der Ritterzeit. Die Ritter trugen beim Kampf einen Gesichtsschutz. Der hatte einen Sehschlitz, er hieß „Visier". Man konnte das Visier hochschieben oder aufklappen. Wer sein Visier öffnete, zeigte dem anderen sein Gesicht, er zeigte, dass er dem anderen vertraute. Später hob man den Hut wie früher das Visier. Heute tippen die Männer meist nur noch an den Hutrand oder an die Mütze.

Das Wort „grüßen" bedeutete vor langer Zeit: „jemanden zum Sprechen bringen". Wenn einer den anderen nicht grüßt, heißt das ja auch immer noch, dass er mit dem nichts zu tun haben möchte, dass er nicht mit ihm reden will.

Die Worte, mit denen wir uns grüßen, sind fast immer gute Wünsche für den anderen. „Guten Tag!“ sagen wir oder: „Guten Morgen!“, „Guten Abend!“ oder einfach nur: „Tag!“, „Morgen!“, „’n Abend!“ Früher hieß das: „Gott gebe dir einen guten Tag!“, „Gott gebe dir einen guten Abend!“ In Süddeutschland sagt man: „Grüß Gott!“ oder: „Grüß dich!“ Das hieß früher: „Gott grüße dich!“

Auch beim Abschied gibt man sich freundliche Wünsche mit. „Auf Wiedersehen!“ sagt man, oder: „Leb wohl!“ oder: „Mach’s gut!“

„Tschüs!“, „Tschö!“ oder „Tschau!“ kommen von dem französischen Gruß „Adieu“. Das bedeutet: „Mit Gott“.

„Servus“ ist kein Wunsch. Das lateinische Wort „servus“ bedeutet „Diener“. Man sagt also eigentlich: „Ich bin dein Diener.“

Beim Essen und Trinken sprechen wir auch gute Wünsche aus: „Gesegnete Mahlzeit!“ oder einfach nur: „Mahlzeit!“ sagen wir, oder: „Guten Appetit!“, „Guten Hunger!“ und: „Zum Wohl!“ oder: „Auf dein Wohl!“ oder: „Auf deine Gesundheit!“ Das lateinische „Prost!“ oder „Prosit!“ bedeutet: „Es soll dir nützen!“

„Viel Glück!“ wünschen wir alle dem Geburtstagskind, „Gute Reise!“ rufen wir, wenn einer verreist, und „Gute Besserung!“ wünschen wir dem Kranken. So sprechen wir mit Grußsitten den ganzen Tag gute Wünsche füreinander aus.

Viele Sitten oder Gewohnheiten haben aber gar nichts mit den Beziehungen der Menschen zueinander zu tun. Sie kommen aus altem Glauben oder Aberglauben.
[…]

Mit dem Finger auf jemanden zu zeigen, das fand man früher sehr gefährlich. Die Leute glaubten, durch das Zeigen könnte einer den anderen mit bösem Zauber treffen. Sie meinten sogar, mit dem Fingerzeigen könnte man jemanden töten. Deshalb musste das natürlich streng verboten sein.

Wenn jemand etwas Schwieriges vorhat, sagen wir: „Hals- und Beinbruch!“ Und das soll ein freundlicher Wunsch sein! Die Leute meinten nämlich früher, man dürfe das Glück nicht „beschreien“, nicht laut darüber reden. Das gesprochene Wort kam ihnen zaubermächtig vor. Wenn man von seinem Glück redete, meinten sie, könnten böse Geister zuhören und neidisch werden und das Glück stehlen. Darum wünschte man jemandem laut „Hals- und Beinbruch“ und meinte dabei im Stillen: „Alles Gute! Viel Glück!“ So könnte man die Geister überlisten, meinten die Leute.

Man klopft auf Holz und sagt: „Toi, toi, toi!“, wenn man laut von seinem eigenen Glück spricht, wenn man zum Beispiel sagt: „Ich bin gesund!“ oder: „Alles wird bestimmt gut gehen.“ Das toi, toi, toi ahmt ein Spucken nach. Denn früher glaubten die Leute, im Speichel sei ein wichtiger Lebensstoff. Wer ihn ausspuckte, brachte den Göttern ein Opfer. Zum Dank dafür wurde er dann von den Göttern beschützt. Man glaubte auch, der Speichel sei ein Gegengift gegen Krankheit, Gift und Unglück aller Art. Also musste Spucken auf alle Fälle gut sein für das Glück.

Auch mit dem Klopfen auf Holz wollte man sein Glück festhalten. Die Leute glaubten, in Bäumen seien Götter oder göttliche Kräfte verborgen. Wer Holz berührte, in den ging etwas von diesen Kräften über.

Der Ausruf „Zum Kuckuck!“ hat auch etwas mit der Zaubermacht der Sprache zu tun. Als die Leute noch an den Teufel glaubten, wollten sie seinen Namen nicht nennen. „Wenn man den Teufel nennt, kommt er schon gerennt!“, dachten sie. Also gaben sie ihm andere Namen, Decknamen, Geheimnamen. Sie nannten ihn „Gottseibeiuns“ oder einfach nur „Der Böse“.

Und wenn man sagen wollte: „Geh zum Teufel!“, sagte man vorsichtshalber „Zum Kuckuck“.

Der Kuckuck galt nämlich als Glücksbringer. Es hieß, er könne wahrsagen und einem das Geld in den Taschen vermehren. Und wer sich im Frühling beim ersten Kuckucksruf im Gras wälzte, der sollte das ganze Jahr über keine Kreuzschmerzen bekommen. Wer „Zum Kuckuck!“ sagt, meint also eigentlich etwas Gutes.

Manche Leute meinen, es bringe Unglück, wenn ihnen eine schwarze Katze über den Weg läuft. Aber denkt wohl heute noch einer im Ernst, schwarze Katzen seien verwandelte Hexen? Das ist nichts als Aberglaube.

Manche Leute erschrecken, wenn ein Spiegel zerbricht. Sie meinen, das bedeute sieben Jahre Pech. Weil man im Spiegel sich selbst sieht, glaubten nämlich früher die Leute, mit dem Spiegelglas könne einem auch die Seele zerbrechen.

Manche Leute fürchten, es gebe Streit, wenn Salz verschüttet wird. Früher, als das Salz noch sehr wertvoll war, konnte es natürlich sehr ärgerlich sein, wenn einer damit nicht sorgfältig umging. Außerdem kann man mit Salz Lebensmittel haltbar machen. Deshalb galt Salz auch als Sinnbild für die Festigkeit einer Freundschaft.

Aberglaube macht vielen Menschen unnötig Angst. Es gibt viel mehr Angst-Aberglauben als freundlichen. Wenn aber einer glaubt, es bringe ihm Glück, wenn ein Vogel ihm ein Häufchen auf den Kopf, den Hut oder das Autodach fallen lässt, dann braucht er sich doch wenigstens nicht über den Klecks zu ärgern. Und Nichtärgern ist bestimmt eine gute Sitte!

Ursula Wölfel: sechzehn warum-geschichten von den Menschen, Düsseldorf (Hoch Verlag) 1971, S. 125–132

Ilse Kleberger: Das ist doch alles verkehrt

Peters Vater hat eine Reise
durch Japan gemacht und ihm
davon erzählt. Peter sagt zu
seinem Freund Klaus:

Takes und Yukis Onkel war
eine Zeit lang in Deutschland
und hat ihnen davon erzählt.
Take sagt zu Yuki:

„Die Japaner müssen nette
Leute sein, aber sie machen
vieles verkehrt –

„Diese Deutschen müssen
nette Leute sein, aber sie
machen vieles verkehrt –

Wenn sie einen Brief
schreiben, schreiben sie von
rechts nach links oder von oben
nach unten.

Wenn sie einen Brief
schreiben, schreiben sie von
links nach rechts und nie von
oben nach unten.

Ein japanisches Buch fängt
hinten an. Wo bei uns die
Titelseite ist, ist bei ihm die
letzte.

Ein deutsches Buch fängt da
an, wo für uns die letzte Seite
ist.

Ein Lesezeichen wird unten in
ein Buch gelegt.

Ein Lesezeichen wird oben in
ein Buch gelegt.

Wenn die Japaner an den
Fingern abzählen, beugen sie
nacheinander die Finger in der
Hand, den Daumen zuerst.

Wenn die Deutschen an den
Fingern abzählen, strecken sie
nacheinander die Finger, den
Daumen zuerst.

Wollen sie jemanden
herbeiwinken, bewegen sie die
Hand wie wir, wenn wir
jemandem zum Abschied
winken.

Wollen sie jemandem zum
Abschied nachwinken,
bewegen sie die Hand wie wir,
wenn wir ihn herbeiwinken
wollen.

Besonders höflich ist es in
Japan, wenn man beim
Teetrinken oder Suppeessen
laut schlürft. Man zeigt damit,
dass es einem gut schmeckt.

Besonders unhöflich ist es in
Deutschland, wenn man beim
Teetrinken oder Suppeessen
schlürft. Wie kann man da
zeigen, dass es einem
schmeckt?

Der japanische Tischler zieht
den Hobel und die Säge an sich
und stößt sie nicht von sich.

Der deutsche Tischler stößt
den Hobel und die Säge von
sich und zieht sie nicht.

Den Regenschirm trägt man in Japan in geschlossenem Zustand an der Spitze und nicht am Griff.	Den Regenschirm trägt man in Deutschland in geschlossenem Zustand am Griff und nicht an der Spitze.
Beim Reiten steigt man von rechts auf das Pferd.	Beim Reiten steigt man von links auf das Pferd.
Wenn man in ein fremdes japanisches Haus geht, zieht man die Schuhe aus, behält aber den Hut auf.	Wenn man in ein fremdes deutsches Haus geht, behält man die Schuhe an, setzt aber den Hut ab.
Nach dem Bad trocknet man sich in Japan mit einem feuchten Tuch ab.	Nach dem Bad trocknet man sich in Deutschland mit einem trockenen Tuch ab.
Sind der japanische Mann und seine Frau auf Reisen, bleibt die Frau ein paar Schritte hinter ihm zurück und trägt meistens das Gepäck.	Sind der deutsche Mann und seine Frau auf Reisen, gehen sie nebeneinander her, meistens trägt der Mann die Koffer.
Säuglinge werden von der Mutter auf dem Rücken getragen.	Säuglinge werden von der Mutter auf dem Arm getragen.
Eine Frau wird in Japan nicht ihres hübschen Busens, sondern ihres hübschen Nackens wegen bewundert. Deshalb sind Kimonos vorne geschlossen und hinten offen.	Eine Frau wird in Deutschland nicht ihres hübschen Nackens, sondern ihres hübschen Busens wegen bewundert. Deshalb sind die Kleider hinten hoch geschlossen und vorne ausgeschnitten.
Der Vorname des Japaners steht immer hinter dem Familiennamen.“	Der Vornamen des Deutschen steht immer vor dem Familiennamen.“

Was ist nun wirklich verkehrt?

Ilse Kleberger: Wirf mir den Ball zurück, Mitura! Dortmund (Hermann Schaffstein) 1978, S. 117–118

Ingrid Kötter: Bruna und Herr Menschenschlag – oder: Nix vastehn

Herbstferien bei den Großeltern in einer Bergmanns-Siedlung im Ruhrgebiet.

Anja steht am Schlafzimmerfenster. Nach dem Wolkenbruch schießt das Wasser im Bach hinter dem Haus als braune Brühe ins Tal. Ein alter Blecheimer wird mitgerissen.

Auf der anderen Seite vom Bach schleppt ein Mann Steine zum Ufer. Als Anja zuletzt bei den Großeltern war, stand drüben noch ein altes Haus. Im Sommer ist es abgerissen worden. Nur der Schuppen steht noch. Vor einigen Tagen hat sich der Mann dort einen Taubenschlag eingerichtet. „Wie heißt der Mann mit den Tauben?", fragt Anja. „Keine Ahnung", ruft der Großvater aus der Küche.

„Der Herr ‚Keine-Ahnung' baut einen Damm", sagt Anja. Sie holt sich einen Stuhl, stellt sich darauf und verfolgt mit dem Zeigefinger die Bahn eines Wassertropfens. So ein Wassertropfen hat's gut, denkt Anja. Der trifft unterwegs andere Wassertropfen. Missmutig klettert sie vom Stuhl und schlurft in die Küche. Die Sohlen ihrer Hausschuhe hinterlassen dunkle Kratzer auf dem blanken Fußboden. „Nun sieh dir das an, Erich!", sagt Oma und holt ein Wischtuch. „Ich will Kinder zum Spielen haben!", sagt Anja und bleibt vor dem Küchenfenster stehen. „Hier wohnen keine Kinder mehr", sagt Oma und versucht die dunklen Striche fortzureiben. „Als die Zeche dichtmachte, sind die jungen Leute weggezogen. Genau wie ihr. Nach Berlin. Damals." – „Ich will Kinder zum Spielen!", sagt Anja und stampft mit dem Fuß auf. Opa wirft eine Kartoffel in den Topf und legt das Schälmesser weg. „Warte! Ich zaubere dir Kinder her", sagt er und legt ein rotes und ein gelbes Gummibärchen auf den Küchenstuhl. „Möchtest du lieber einen blonden Jungen und ein rothaariges Mädchen – oder umgekehrt?" Schon wieder einer von

Opas dämlichen Witzen, denkt Anja und sagt mürrisch: „Egal.“ Opa breitet seine Schürze aus. Sie verdeckt die Gummibärchen. Was flüstert Opa? „Hokuspokus fidibus, mit der Einsamkeit ist Schluss. Heißa, hopsa, Gummibär, nette Kinder müssen her!“ Zack! Die Schürze wird mit großer Geste fortgezogen.

„Achtung!“ – Oma trägt einen Topf mit Fleischbrühe zum Ofen. „Vorsicht!“, ruft Opa. „Renn die Kinder nicht um!“ Oma erschrickt. Brühe schwappt auf den Boden. „Kinder? Wie? Was? Wo?“ Anja und Opa lachen.

„Lass die dummen Witze, Erich!“, schimpft Oma. Anja und Opa wollen sich die Gummibärchen schmecken lassen. „Nicht vor dem Essen!“, sagt Oma und steckt sie in ihre Schürzentasche. Anja ärgert sich. Sie sieht aus dem Küchenfenster. Bauarbeiter sind damit beschäftigt, Rohre zu legen. Ihre nassen Jacken glänzen graubraun wie der Asphalt. „Jetzt, wo unsere Häuser bald abgerissen werden, legen sie Abwasserrohre“, sagt Opa.

Einer der Arbeiter winkt zur anderen Straßenseite hinüber. Vor dem alten Fachwerkhaus steht – ein Kind. „Ein Kind!“, schreit Anja. Sie reißt das Fenster auf.

„Hier! Hallo! Hier!“ Anja knallt das Fenster zu und läuft los. „Wohin willst du?“, fragt Oma. „Drüben wohnt ein Kind, ein schwarzhaariges Mädchen“, ruft Anja. „Warte!“, sagt Oma. „Mit dem kannste dich nicht versteh’n!“ – „Ich versteh mich mit allen Kindern“, meint Anja und rennt zur Wohnungstür. „Die sind erst vor ’ner Woche drüben eingezogen. Die versteh’n kein Deutsch“, sagt Oma. Anja zögert.

„Na und? Bei uns in der Parallelklasse ist ’ne Türkin. Die versteht nicht mal Schimpfwörter. Wenn man zu der ‚dämliche Ziege‘ sagt, lacht sie nur. Ist doch lustig!“ – „Halt! Nicht in Hausschuhen! Du musst wenigstens Gummistiefel anziehen!“, ruft die Oma. Nichts zu machen. Anja ist schon verschwunden.

Vor der Haustür steht das Mädchen. Es hat eine große Puppe im Arm, nimmt Anja bei der Hand und zieht sie hinter das Haus. Lachend laufen die Kinder durchs nasse Gras. „Wie heißt deine Puppe? – – deine Puppe –, wie heißt sie?“, fragt Anja. „Puppe Bambula“, sagt das Mädchen und lacht. „Du Gackertante!“, sagt Anja. „Gackertante“, wiederholt das Mädchen und kichert. „Du alte Kichererbse!“, sagt Anja. „Kichererbse“, wiederholt das Mädchen. Es dreht sich mit der Puppe im Kreis und singt: „Puppe Bambula, Gackertante, Kichererbse!“ Oma sieht aus dem Schlafzimmerfenster. „He! Anja! Gummistiefel anziehn!“

„Nix vastehn!“, ruft das schwarzhaarige Mädchen zum Fenster hinauf. „Nix vastehn!“, ruft auch Anja. Oma knallt das Fenster zu. Ist das praktisch, wenn man nichts versteht, denkt Anja. Kurz darauf bringt Opa die Gummistiefel. Anja zieht sie widerstrebend an. Der Mann mit den Tauben hat seinen Dammbau abgeschlossen. „Soll die kleine Mauer etwa das Wasser aufhalten?“, fragt Opa. „Klar! Was denn sonst?“ Der Mann sieht beleidigt aus. Opa kratzt sich am Kopf. „Die von der Abbruchfirma haben die Bacheinfassung kaputtgemacht. Die müsste erneuert werden, Herr – – –?“

„Herr Taubenschlag“, flüstert Anja und stößt die kleine Schwarzhaarige an.

„Herr Taubenschlag, Herr Taubenschlag!“, singt das Mädchen und tanzt mit der Puppe.

„Herr Taubenschlag, Herr Taubenschlag!“, stimmt Anja ein und tanzt mit.

„Ihre Enkelkinder?“, fragt der Mann. Opa schiebt Anja näher zum Bach. „Das ist meine Enkelin.“ Der Mann nickt. „Dann ist das eins von den Gastarbeiterkindern aus dem alten Fachwerkhaus. Sieht man sofort. Ist ’n ganz anderer Menschenschlag.“

„Herr Menschenschlag! Herr Menschenschlag!“, singt

das Mädchen mit den schwarzen Haaren, stampft mit den nackten Füßen durchs Gras und schwenkt die Puppe. Der Mann verzieht das Gesicht. „Diese Gastarbeiter, diese Spaghettis“, sagt er. „Die nehmen uns Deutschen nur die Arbeitsplätze weg.“

„Ach was“, meint Opa. „Die machen die Arbeit, die hier kaum einer machen will, und zu Hause finden sie keine Arbeit. Wetten, dass die lieber zu Hause arbeiten würden? Wetten?“ Der Mann will nicht wetten. Er geht zu seinem Taubenschlag. Opa sieht ihm kopfschüttelnd nach und verschwindet im Haus. „Fang mich!“, ruft Anja. „Fang mich!“, wiederholt das Mädchen und rennt los. Die Kinder stoßen zusammen, fallen ins Gras. „Verflixt!“, sagt das Mädchen mit den schwarzen Haaren. „Jetzt haben wir nasse Hosenböden.“ Es springt auf und reicht Anja die Hand. Anja bleibt sitzen. Ihr Mund steht weit offen. „Du kannst Deutsch?“

„Klar!“, sagt das Mädchen.

„Wir sind schon seit sechs Jahren in Deutschland. Wie heißt du? Ich heiße Bruna.“ „Ich heiße Anja.“ Zwei Mädchen tanzen durchs nasse Gras. „Anja und Bruna, Bruna und Anja!“, singen sie. Etwas später erzählt Anja Bruna von ihren Eltern in Berlin und von der Stadt, die durch eine Mauer geteilt ist. Bruna erzählt Anja von einem Haus in Italien, nicht weit vom Meer, von großen Muscheln, von dem kleinen Bruder, der bei den Großeltern geblieben ist, und von der großen Schwester, die in einer deutschen Fabrik arbeitet. „Sie sortiert Schrauben“, erklärt Bruna. „Den ganzen Tag. Und abends, wenn sie zu Hause ist und die Augen zumacht, sieht sie immer noch Schrauben, nichts als Schrauben. Aber sie hat einen Freund, einen deutschen Freund. Ich kenne ihn. Er ist nett. Der will meine Schwester heiraten. Das weiß nur ich. Nichts verraten! Schwör's!“ Zu Anjas großem Schwur kommt es nicht mehr. Der Bach tritt über das Ufer, Wasser strömt auf das Grundstück gegenüber. Der Steinwall hält nicht. Der Mann mit dem Taubenschlag versucht zu retten, was zu retten ist. „Augenblick! Ich frage, ob einer von den Straßenbauarbeitern hilft!“, ruft Opa aus dem Schlafzimmerfenster. Anja und Bruna rennen auf die Straße. „Drüben gibt's 'ne Überschwemmung!“, sagt Anja.

„Kann mal jemand helfen?“, ruft Opa. „Wir haben jetzt Mittagspause!“, sagen die deutschen Arbeiter. Sie schultern ihr Werkzeug und gehen zum Essen. Anja staunt. Bruna redet auf die anderen Arbeiter ein. Sie kann fließend Italienisch. Die Arbeiter nicken, sagen etwas, das Anja nicht versteht. „Wir brauchen Säcke!“, übersetzt Bruna. Opa rennt in den Keller, bringt alte Kartoffelsäcke. Die werden mit Sand gefüllt. Bald liegen sie an der Böschung. Die Gefahr ist gebannt. Die Italiener wollen kein Geld. „Sie sagen, sie haben das gerne gemacht“, übersetzt Bruna. Das freut den Mann mit den Tauben. Er steckt das Geld wieder ein.

„Das ist mein Bruder Tonio“, stellt Bruna einen der jungen Arbeiter vor. „Ich bin die Anja und das ist mein Opa und das ist Herr Taubenschlag“, sagt Anja.

„Nein, das ist Herr Menschenschlag“, verbessert Bruna und sieht ihren Bruder an.

„Unsinn! Ich heiße Schmidt, Schmidt mit dt“, sagt der Mann. „Er hat gesagt, dass ich ein anderer Menschenschlag bin“, sagt Bruna. Tonio wird rot im Gesicht und holt tief Luft. „So. Das hat er gesagt.“ – „Ja, das hat er gesagt. Was meint er damit, Tonio?“ – „Ich meinte, ich dachte – – –“, stottert Herr Schmidt ‚mit dt‘ und sieht irgendwie ängstlich aus. „Denken Sie, dass wir andere Menschen sind als die Deutschen?“, fragt Tonio und es sieht so aus, als wollten er und seine Freunde die Säcke wieder von der Böschung nehmen. „Halt! Herr Schmidt hat doch Recht!“, sagt Opa. „Was?“ Tonio übersetzt für seine Freunde. Die sehen Anjas Opa drohend an. Der lacht. „Klar! Ihr habt geholfen. Die deutschen Arbeiter nicht!“ Anja atmet auf. „Das stimmt!“, freut sie sich. „Ihr seid ganz anders. Ihr seid prima! Wirklich!“ Tonio und Bruna übersetzen. Die italienischen Arbeiter lachen und gehen. Herr Schmidt ‚mit dt‘ lacht nicht mit. Er brummt etwas von einer ‚miesen Gegend‘ oder so und geht zu seinen Tauben.

Am nächsten Tag scheint die Sonne. Sie scheint bis zum Ende der Ferien, in denen Bruna und Anja Freundinnen werden. Beide weinen, als Anja zurück nach Berlin muss. Dort erhält sie einige Zeit später einen Brief von Bruna. Darin steht:

Liebe Anja,
schade, dass du nicht mehr hier bist. Wir haben uns so gut verstanden. In das leer stehende Haus an der Ecke ist vorübergehend eine Familie mit zwei Kindern eingezogen. Ein blonder Junge und ein rothaariges Mädchen. Dein Opa hat gesagt, die hätte er hergezaubert. Du weißt ja, er macht gern Witze. Der Junge ist in meiner Klasse. Aber sie spielen nicht mit mir. Ihre Eltern erlauben es nicht. Manchmal spielen die beiden in Herrn Menschenschlags Schuppen und verjagen die Tauben. Er sagt, ich wär's gewesen, und schimpft auf die Gastarbeiter.

Mein Bruder Tonio hat herausgekriegt, dass meine Schwester einen deutschen Mann heiraten will. Er hat gesagt: „Das geht nicht gut. Ihr seid zu verschieden.“ Er spricht nicht mehr mit meiner Schwester. Dein Opa hat gesagt: „Frag doch mal, ob Tonio vielleicht auch ein Herr Menschenschlag ist!“ Tonio hat gesagt: „Helfen ist was anderes als heiraten!“ Und die Mama soll es nicht erlauben und machen, dass meine Schwester einen Italiener nimmt. Verstehst du das? Ich nix vastehn! ! ! ! ! ! !

Liebe Grüße
von deiner Freundin Bruna

Bildquellenverzeichnis

S. 57: Foto: Dr. Ilse Kleberger
S. 63: Alexander Weltatlas – Grundausgabe.
Stuttgart: Ernst Klett 1978, S. 23
S. 68: Foto: Dr. Ilse Kleberger
S. 70: Foto: Dr. Ingrid Wegner, Stuttgart

Folgende Jugendbücher (und Anthologien) eignen sich besonders für die Lektüre auf der Orientierungsstufe (Klasse 5/6):

Alfred C. Baumgärtner: Wenn die Wölfe kommen …
Klettbuch 26209

Enid Blyton: 5 Freunde und das Burgverlies
Klettbuch 26061

Elfie Donnelly: Tine durch zwei geht nicht
Klettbuch 26161
Elfie Donnelly schildert abwechselnd aus der Sicht der Geschwister Tim und Tine die Scheidung ihrer Eltern. Mit Sicherheit im Aufbau einer Story, mit Humor und einem hohen Maß an Einfühlungsvermögen trifft sie genau das richtige Maß für das, was Kindern in diesem Alter zumutbar ist.

Günther Feustel: Ein Indio darf den Tag nicht verschlafen
Klettbuch 26123
Josés Geschichte vermittelt eindrucksvoll und in einer schlichten Sprache die soziale Situation von Kindern in den Ländern Lateinamerikas.

Für Kinder verboten
mit Texten von Halbey, Hetmann, Rodari und Irmela Brender
Klettbuch 26081

Ilse van Heyst: Alles für Karagöz
Klettbuch 26098
Bisham kommt aus der Türkei. In der Schule hat er immer nur „Karagöz“, den türkischen Kasper, im Kopf, der ihn in allerlei schwierige Situationen bringt.

Judith Kerr: Als Hitler das rosa Kaninchen stahl (gekürzt)
Klettbuch 26071
Eine jüdische Familie mit zwei kleinen Kindern auf der Flucht vor den Nazis 1933.

Dirk Lornsen: Rokal der Steinzeitjäger
Klettbuch 26175

Märchenreise durch Europa
Klettbuch 26121
Vier motiv- und stoffähnliche Märchengruppen aus Deutschland – Griechenland – Frankreich bzw. Italien und der Türkei machen deutlich, wie variantenreich die entsprechenden deutschen Märchen der Brüder Grimm hier anders und neu erzählt werden.

Jo Pestum: Heinrichs Geheimnis
Klettbuch 26207

Otfried Preußler: Die Abenteuer des starken Wanja
Klettbuch 26222

Iva Procházková: Entführung nach Hause
Klettbuch 26227

Nina Rauprich: Das Jahr mit Anne
Klettbuch 26214

Wolf Spillner: Taube Klara
Klettbuch 26188

Spürnasen in Aktion – 13 Krimirätsel
Klettbuch 26221

Lisa Tetzner: Der Fußball
Klettbuch 26082

Texte zum Thema Mensch und Tier
Klettbuch 26112

Renate Welsh: Spinat auf Rädern
Klettbuch 26196

Ursula Wölfel: Joschis Garten
Klettbuch 26116
Die Materialtexte enthalten eine Einführung in die Welt des Jugendbuches (Cover, Inhaltsangabe, Werbung beim Buchhändler, Ausleihe in der Bibliothek) und vermitteln zunächst einmal grundlegende Informationen, die dann als Hinführung zur Lektüre von „Joschis Garten“ dienen.

Ursula Wölfel: Mond Mond Mond
Klettbuch 26213